KB246071

자본주의의 대안과
사회주의 가치 논쟁

오늘날의 마르크스주의 01

자본주의의 대안과 사회주의 가치 논쟁

알렉스 캘리니코스 · 마이클 앨버트 지음 | 이수현 옮김

책갈피

오늘날의 마르크스주의 01

자본주의의 대안과 사회주의 가치 논쟁

지은이　알렉스 캘리니코스·마이클 앨버트
옮긴이　이수현
펴낸곳　도서출판 책갈피

초판 발행일 2009년 8월 1일

등록　2000년 2월 21일(제6-0484호)
주소　서울특별시 중구 필동2가 106-6 2층
전화　(02)2265-6354
팩스　(02)2265-6395

ISBN 978-89-7966-063-0 03300
ISBN 978-89-7966-062-6(세트)
값 5,500원

잘못된 책은 바꿔 드립니다.

차례

일러두기

1. 이 글은 알렉스 캘리니코스의 책 ≪반자본주의 선언≫[국역 : ≪반자본주의 선언≫, 책갈피, 2003]과 마이클 앨버트의 책 ≪파레콘≫[국역 : ≪파레콘≫, 북로드, 2003] 출판을 계기로 2003년 12월 8일부터 25일까지 반자본주의 운동의 비전과 전략에 대해 인터넷에서 주고받은 논쟁 글을 번역한 것이다. 영어 원문은 영국 사회주의노동자당(SWP)의 인터넷 웹사이트(http://www.swp.org.uk/swp_archive_list.php?issue_id=178)와 ZNet 웹사이트(http://www.zmag.org/znet/zdebatealbertvscallinicos.htm)에서 볼 수 있다.

2. 인명과 지명 등의 외래어는 최대한 외래어 표기법에 맞춰 표기했다.

3. 옮긴이가 독자의 이해를 돕기 위해 덧붙인 설명은 각주로 처리했고, 원문에 포함된 각주는 저자의 이름을 붙여서 구분했다. 또 본문에서 [ ]는 옮긴이가 문맥을 매끄럽게 하기 위해 덧붙인 것이고, 저자가 첨가한 것은 [— 저자의 이름]으로 표기했다.

4. 책과 잡지는 ≪ ≫로, 신문과 주간지는 〈 〉로, 논문의 제목은 " "로 표시했다.

01

참여 사회와
변혁의 경로

Participatory Society and

The Trajectory of

Change

참여 사회와 변혁의 경로

마이클 앨버트(2003년 12월 7일)

우리가 권위주의, 가부장제, 여성 차별, 자본주의 착취를 바탕으로 한 사회가 지독하게 나쁘다는 데 동의한다면, 우리가 원하는 새로운 사회 체제는 어떤 것이고 어떻게 해야 그런 체제를 이룩할 수 있는가?

문명 세계의 사람들은 필연적으로 서로 협력해서 사회적 기능을 완성한다. 우리가 만든 제도는 사회가 제공할 수 있고 실제로 제공하는 것의 한계를 정한다. 제도는 문화적으로는 정체성을 확립하고 의사소통 방식이나 의례 방식을 결정하고, 사회적으로는 다음 세대의 출생과 양육을 담당하며, 정치적으로는 분쟁을 해결하고 공통의 규범과 계획을 세우며, 경제적으로는 생산하고 소비하고 재화·용역을 할당*하는 기능을 한다.

---

* 할당allocation : 특정 재화가 얼마나 생산되고, 그것이 서로 다른 사용자들 사이에 어떻게 분배되는가를 결정하는 과정. 시장이나 중앙집권적 계획 그리고 참여계획은 각각 다른 할당 체제들이다[≪파레콘≫ 용어 해설].

사회생활의 여러 분야, 즉 문화·가족·경제·정치 분야의 주요 제도는 우리가 선택(하거나 반대)해야 하는 역할을 결정함으로써 우리의 조건을 결정적으로 좌우한다. 그런 역할(문화적·가족적·정치적 역할과 직장이나 소비 영역에서 하는 역할을 포함해서)은 우리의 행동, 우리의 소유, 우리의 정체성에 영향을 미친다. 그런 식으로 제도들은 역사적으로 우리를 다양한 집단으로 분열시켜 왔다(또는 그런 집단의 성격을 결정해 왔다). 그런 집단들은 상반된 이해관계와 사회적으로 구조화된 자기 인식을 우리에게 강요한다. 예컨대, 우리는 서로 다른 문화공동체·인종·종교 집단으로, 남성과 여성으로, 동성애자와 이성애자로, 노인과 아이로, 서로 다른 정치관료 집단과 정당으로, 서로 다른 계급으로 분열돼 있다.

비전을 제시하는 것은 우리가 소중히 여기는 가치와 사회생활 분야의 주요 제도에 대해 설명하는 것이다. 이런 제도는 규정된 기능을 실행하고 동시에 그런 가치를 증진시킬 수 있다.

전략적 과제는 개혁주의적이지 않은 개혁 과정에서 사회적으로 가장 열악한 사람들의 조건을 향상시켜, 의식을 고양하고 헌신성을 장려하며 조직을 건설·강화해서 나중에 운동이 완전히 새로운 제도를 확립할 수 있게 하는 것이다.

이 글은 주로 경제적 비전을 다룬다. 경제적 비전에서 시작해서 나아가 비전 일반을 다루고 마지막으로 몇몇 전략 문제들을 다루겠다.

모든 사회 제도, 특히 경제는 사람들의 상호작용 방식에 영향을 미친다. 이와 관련해서 나와 거의 모든 좌파들이 염원하는 가치는 연대다. 제도를 통해 사람들이 서로 짓밟지 않고 서로 돌봐주며 혜택을 얻는 것은, 다른 조건이 동등하다면, 아주 바람직한 일이라고 생각한다.

제도는 또 행위자들의 선택 범위에도 영향을 미친다. 여기서 필요한 좌파적 가치는 다양성이다. 다양성 덕분에 우리는 더 큰 선택의 자유를 누릴 수 있으며, 뭔가 하나에만 매달리지 않아도 되고, 우리가 하지 않았지만 남들이 한 것을 보고 즐길 수도 있다.

연대와 다양성, 이 두 가치에 대해서는 좌파들만이 아니라 더 일반적으로도 이견이 없다. 정말이지, 오직 정신병자만이 반反사회성과 획일성이 연대와 다양성보다 더 낫다고 말할 것이다.

제도가 우리에게 영향을 미치는 세 번째 방식은 우리가 견디거나 즐기는 삶의 조건들 ― 우리가 사회에서 얻는 사물과 환경을 모두 포함한다 ― 에 영향을 미치는 것이다. 경제를 예로 들면, 경제 활동의 환경뿐 아니라 그에 따른 소득도 여기에 포함된다. 대다수 좌파들이 염원하는 가치는 평등[공평성]이지만, 모든 좌파가 평등의 의미에 대해서 견해가 같은 것은 아니다. 소유한 자산이나 협상 능력의 대가가 소득이어야 한다고 주장하는 사람들도 있지만 내가 아는 진지한 좌파 중에서 그렇게 말하는 사람은 아무도 없으므로 그런 견해는 그냥 무시해도 좋을 것이다. 그러나 많은 좌파는 사람들이 경제적 생산 전체에 기여한 몫만큼 각자 보상을 받아야 한다고 말한다. 생산한 가치에 상당하는 소득을 받아야 한다는 것이다. 많이 생산하면 소득도 많아야 하고, 적게 생산하면 소득도 적어야 한다.

그러나 그런 방식이라면 사람들이 유전적 자질, 더 좋은 도구, 더 좋은 동료, 그리고 이로 말미암은 행운에 따라 보상을 받게 되는데, 내가 보기에 이는 도덕적으로 정당하지도 않고 경제적으로 바람직하지도 않다. 따라서 나는 그런 방식에 반대한다. 내가 찬성하는 방식은 산출량에 따른 보상이 아니라 노력과 희생에 따른 보상이다. 더 오래 일하거나 더 힘들게 일하면, 또는 더 큰 희생을 요구하는 더 나쁜 조건에서 일하면 소득도 더 많아야 한다. 새로운 사회에서는 의사보다 환경미화원의 시간당 소득이 더 많을 것이다. 왜냐하면 노력은 더 많이 하는 반면 자아실현의 정도는 더 적기 때문이다. 다시 말해, 노동에 필요한 희생이 더 크기 때문이다.

제도 — 경제도 포함하는 — 의 네 번째 영향은 사람들의 정책 결정권에 대한 것이다. 나는 내가 자율관리[자주관리]라고 부르는 것을 선호한다. 특정 정책의 영향을 얼마나 받는지에 따라 그 정책에 대한 결정권을 가져야 한다는 것이 내 생각이다. 정신적 장애 문제가 없는 사람이 그런 영향력 정도보다 많거나 적은 결정권을 갖는 것은 도덕적으로 정당하지 않다. 1인 결정 방식, 1인 1표 과반수 의결 방식, 3분의 2 이상 다수결 방식, 합의제 방식, 또는 다른 의결 방식 중에서 어느 하나를 고집할 필요는 없다. 저마다 나름대로 의의가 있다. 요컨대, 이것들은 자율관리라는 진정한 목표를 성취하기 위한 전술들이다. 우리는 그런 의결 방식들 가운데 하나를 선택하면 되고, 어떤 것을 선택할 것인지는 구체적 상황에 달려 있다.

내가 신는 양말의 색깔을 스탈린식으로 결정해야 한다는 것, 마찬가지로 내 사무실 벽에 거는 그림도 내 맘대로 결정해야 한다는 것은 옳다. 그러나 어떤 결정이 사람들에게 미치는 영향이 더 광범할 때, 그런 결정권은 적절하게(말하자면 균형 있게) 배분돼야 한다. 내가 작업장에서 음악을 듣고 싶다면, 그 음악을 들을 다른 사람들도 발언권을 가져야 한다. 내가 뭔가를 소비하거나 생산하고 싶다면, 그 영향을 받게 될 다른 사람들, 다른 생산자들과 소비자들, 그리고 그 부수적 결과에 영향을 받을 수 있는 사람들도 모두 결정권을 가져야 하고, 그 결정권은 그들이 영향을 받는 정도에 비례해야 한다.

자본주의적 소유, 위계적[기업식] 분업, 이윤 위주의 보상 체계, 그리고 시장 할당은 이 네 가치, 즉 연대·다양성·평등·자율관리를 말살한다. 따라서 우리가 이 가치들을 진지하게 여긴다면 우리는 경제적 혁명가들이다. 왜냐하면 이 가치들을 실현하려면 이 가치들을 보존하고 나아가 더 발전시키는 새로운 제도들을 추구해야 하기 때문이다.

그렇게 새로운 경제 제도들을 구상한 끝에 내가 제안한 것이 이른바 참여 경제, 즉 파레콘이다. 그것을 요약하면 다음과 같다.

첫째, 파레콘에는 노동자 평의회와 소비자 평의회가 있다. 파레콘에서는 경제적 결정을 자율적으로 관리하며, 그리 되면 경제적 행위자들은 당연히 그 결과에 적절하게 영향을 미칠 수 있도록 자신의 선호를 표현할 — 나아가 더욱 발전시킬 — 수 있는 공간이 필요할 것이다. 평의회의 규모는 개인·생활단위·지역에서 지방과 나라에 이르기까지, 업무팀·부서·작업장에서 산업과 경제 전체에 이르기까지 다양하다. 노동자·소비자 평의회 안에서는 경우와 상황에 따라서 의사소통 수단과 정책결정 수단이 서로 다르지만, 항상 가장 중요한 원칙은 결정의 결과가 행위자들에게 미치는 영향의 정도에 따라 결정권이 배분돼야 한다는 것이다.

둘째, 파레콘에서는 균형 잡힌 직업군*[균형적 직군]이 위계적 분업 — 지금 우리가 참고 견디는 — 을 대체한다. 어떤 경제든 작업장에는 온갖 직무가 있고 어떤 사람은 이런 직무에, 다른 사람은 저런 직무에 종사한다. 자본주의에서 참여 경제로 바뀌면, 파레콘에서는 다양한 직업군을 선택할 수 있으므로 모든 직무가

* 균형 잡힌 직업군balanced job complex : 노동자들이 직무 때문에 받는 부담과 편익의 정도, 정책 결정 과정에서 행사할 수 있는 영향력 등의 측면에서 직장 내 모든 직무가 대등하도록 균형 있게 조정된 직업군을 말한다. 그리고 노동자들은 자신의 직무와 다른 직장 노동자들의 직무 사이에 균형을 유지하기 위해 종종 다른 곳에서도 추가로 일을 한다[≪파레콘≫ 용어 해설].

다른 직무와 동일한 권한 부여 효과와 삶의 질 효과를 갖게 된다. 이것이 바로 균형 잡힌 직업군이다.

당신의 직무와 나의 직무는 다르다. 우리의 직무는 똑같지 않다. 사람들은 취향·재능·선호가 서로 다르기 때문에 서로 다른 작업장에서, 그리고 각자 자신의 일터에서 서로 다른 직무를 수행한다. 그러나 당신이 종사하는 직업군의 삶의 질 "수준"과 권한 부여 "수준"은 대체로 내 직업군의 "수준"과 동일하다. 한 행위자 계급은 권한을 부여하는 조건·상황을 독점하는 — 나는 이들을 조정자 계급*이라고 부른다 — 반면, 다른 행위자 계급(노동자)은 기계적이고 따분한 일이나 권한을 부여하지 않는 일만 하는 경우는 더는 없을 것이다.

[파레콘에서도] 외과의사들은 여전히 있겠지만 그들은 균형을 잡아 주는 다른 직무들, 어쩌면 변기 청소 같은 일도 할 것이다. 114 전화번호 안내원이나 광원도 있겠지만, 그들은 자신의 주된 작업장이나 다른 곳에서 다른 직무들도 할 것이다. 요컨대, 모든 사람이 권한 부여나 삶의 질과 관련해서 균형을 잡아 주는 직무도 할 것이다.

---

* 조정자 계급coordinator class : 경제 정책을 결정하는 데 필요한 정보와 권력을 독점하는 계획자들, 행정관들, 그 밖의 개념적 노동자들. 자본주의에서는 중간계급에 속하고, 옛 소련과 유고슬라비아나 중국의 조정자 경제 체제에서는 지배계급에 해당한다[≪파레콘≫ 용어 해설].

다시 말해, 파레콘은 (생산적 자산의 사적 소유를 제거해서) 자본가 계급을 제거할 뿐 아니라 (권한 부여 조건을 제거해서) 조정자 계급도 제거한다. 파레콘에서는 모든 사람이 균형적 직업군을 가진 노동자들이다. 즉, 파레콘에는 하나의 계급만이 존재하는 것이다.

셋째, 파레콘에서는 노력과 희생에 따라서만 보상한다. 노동을 할 수 없는 사람들은 당연히 법정 소득을 보장받는다. 이런 소득 보장 제도는 사회민주주의나 다양한 형태의 자본주의조차 인정하는 혁신적 제도다. 그러나 파레콘에서는 균형 잡힌 직업군 덕분에 보상이 점차 사소한 개념이 된다. 여러 직무의 삶의 질은 비슷하고, 따라서 희생도 대체로 비슷하다. 그러므로 소득 격차를 좌우하는 요인은 노동시간이나 노동강도의 차이뿐이다. 다른 경제 문제들과 마찬가지로 그 결정은 평의회가 내린다.

넷째, 확실히 매우 복잡한 문제인데, 파레콘에는 새로운 할당 체계가 필요하다. 나는 참여 계획을 옹호한다. 내가 시장을 거부하는 이유는 시장이 반反사회성을 부추기고, 다양성을 감소시키고, 권력이나 산출량에 따라 보상하고(물론 재산에 따른 보상도), 지배계급(시장 자본주의에서는 자본가들, 시장 사회주의에서는 조정자 계급)에 유리하게 권력을 왜곡하기 때문이다. 나는 중앙집권적 계획도 거부하는데, 왜냐하면 그것이 권위주의적인 데다 역시 조정자 지배계급에 유리하게 권력을 왜곡하기 때문이다. 사실, 우리는 계급이 없는 사회를 원하지만 그런 기존의 할당 방식은, 위계적 분업과 마찬가지로, 계급 분리와 계급 지배를 초래한다는 점이 중요하다. 따라서 다른 방식이 필요하다.

참여 계획은 협력적 협상 과정을 통해 각 작업장의 투입과 산출, 각 개인과 소비자 평의회의 소비 품목들을 결정한다. 노동자 평의회와 소비자 평의회는 그들의 선호를 제시한다. 그런 선호는 다양한 방식으로 전달되고 종합된다. 그러면 평의회는 투입과 산출을 위한 새로운 제안을 내놓는다. 그런 과정은 수없이 반복되며, 다양한 기술과 구조(주로 촉진위원회라고 부르는)가 그런 과정을 촉진한다. 사회적 비용과 혜택은 비교 평가를 받게 되고, 그런 평가는 재화를 취급하는 시장의 능력을 뛰어넘어 판매자와 구매자 외의 사람들에게도 영향을 미친다. 예산은 균형을 유지하고, 보상은 공평하며, 결과는 복지나 발전과 직결된다.

그러나 중심과 주변은 존재하지 않는다. 상부와 하부도 없다. 참여 계획의 놀라운 점은 자율관리가 작업장 안에만 있는 것이 아니라 경제 전체에도 있다는 것이다.

그렇다. 모든 경제적 선택은 모든 사람에게 영향을 미친다. 하다못해, 내가 뭔가를 한 때 나는 더 좋아할 수도 있는 다른 것들을 하지 못하게 되고 그것은 나에게 영향을 미친다. 더 분명하게 말하면, 나는 결정된 사항을 실행하는 데 시간을 써야 하거나, 그냥 시간을 낭비하거나, 그 부수적 결과에 영향을 받을 수 있다.

그러나 경제학은 원래 뒤죽박죽이지만 — 이것은 주류 경제학의 몇 안 되는 정확하고 유익한 통찰 가운데 하나다 — 참여 계획은 영향력을 적절하게 배분한다.

물론 앞서 말한 것은 파레콘에 대한 묘사도 아니고, 파레콘을 지지하는 대표적 주장은 더더욱 아니며, 비판적 우려나 주장에 대한 반박도 아니다. 그러나 몇몇 문단을 보면 파레콘의 개념과 본질, 그리고 내가 비전 문제를 어떻게 생각하는지 알 수 있을 것이다.

우리가 미래의 청사진을 만들어 낼 수 있다는 생각은 별 의미도 없고 그럴 필요도 없다. 그것은 우리의 지식을 뛰어넘는 것이고 미래의 창조적 과제들에 참여하는 것과도 배치된다. 더욱이, 바람직한 미래에는 똑같은 기본 목표를 달성하는 방식이 여러 가지인 경우가 비일비재할 것이다. 그렇다고 해서 모든 것이 다 허용되지는 않을 것이다. 모든 분야에는 하나 이상의, 그러나 많지는 않은 주요 결정 구조들이 공통으로 존재할 것이고, 그 구조 안에서 이 모든 다양성은 의미가 있을 것이다. 미래의 경제에는 서로 다른 두 가지 할당·보상·분업 논리가 존재하지 않을 것이다. 계급과 계급 지배도 없을 것이다. 권위주의적인 정치적 결정 구조나 의결 구조도 없을 것이다. 우리에게 필요한 결정 구조는 설득력 있게 비전을 제시하고 희망을 불어넣고 현재를 통찰할 수 있게 해 주는 구조, 우리의 목표를 달성하기 위한 전략적 수단을 분간할 수 있게 해 주는 구조다.

경제에 대해 말하자면, 나는 계급 없는 경제를 원하고 파레콘을 옹호하며, 마르크스-레닌주의자들이나 대다수 마르크스주의자들과 달리 이른바 시장 사회주의와 중앙집권적 계획 사회주의를 반대한다. 그런 사회주의는 모두 인구의 약 20퍼센트를 차지하며 노동과 자본 사이에 존재하는 계급의 지배를 받기 때문이다. 그들은 이른바 사회주의 사회에서 권한 부여 업무를 독점하고 그럼으로써 정책 결정 과정을 지배하고 스스로 높은 보상을 받는다.

생활의 다른 분야, 즉 문화·가족·정치형태에 대한 내 비전은 모호하다. 여성 차별을 극복하려면 다음 세대를 기르는 새로운 방식이 필요하다고 생각한다. 인종 차별과 종교적 편견을 뛰어넘으려면 문화 공동체가 안전감과 상호 존중을 동시에 느낄 수 있는 방식들이 필요하다고 확신한다. 경제뿐 아니라 정치 분야에서도 자율관리를 성취하려면 새로운 정치적 의결 제도가 필요하다고 확신한다. 나는 이 새로운 제도들이 사회의 다른 분야에서 행위자들 간의 연대를 강화하고, 우리의 선택 범위를 확대하고, 모든 면에서 비용과 혜택을 공평하게 분배하고, 자율관리 의결 방식을 확산시키기를 바란다. 그렇다고 해서 문화적 획일성이나 아예 문화가 없는 상태를 원한다는 말은 결코 아니다. 가부장제를 찬성한다거나 아예 성性이 없어야 한다는 말도 아니다. 권위주의적 일당독재나 명목상의 민주주의를 찬성한다는 말도 아니고 아예 정치 제도가 없어야 한다는 말도 아니다. 생활의 각 분야에서 필요한 것, 그것이 이 다른 생활분야들을 위한 비전 문제다.

전략은 어떤가? 어떻게 해야 우리는 더 나은 세계를 쟁취할 수 있는가?

우리는 기존의 억압적인 제도와 의식에 맞서 싸우고, 의식과 제도를 유지하기 위해 애쓰는 사람들에 맞서 투쟁한다. 우리가 지금 사람들의 삶을 개선하기 위해 이렇게 저렇게 분투하는 것은 그런 투쟁의 일환이다. 그 과정에서 우리는 새로운 발판을 확보하고, 헌신성이 강해지고, 조직이 권한을 부여받고, 투쟁 의지가 더한층 고조된다. 우리는 새 사회에 이를 때까지 줄곧 그렇게 싸울 것이다. 우리는 한편으로는 우리가 추구하는 미래에 대해 더 많이 배우기 위해, 다른 한편으로는 희망과 헌신성을 고무하는 모델을 얻기 위해, 또 다른 한편으로는 직접적 혜택을 얻기 위해, 우리 자신의 가치를 실현하는 제도와 우리가 추구하는 새 사회의 구조도 만들어 낸다.

나는 경제뿐 아니라 인종·문화·가족·성·성적 관계와 정치 구조도 사람들을 분열시켜, 변화를 지지하거나 반대해서 서로 싸우게 만들 수 있다고 생각한다. 따라서 우리 운동이 인종·성·정치권력이나 계급 문제로 싸우는 사람들과 가까워지려면 다양한 쟁점을 다루고 권한 부여를 더 확대하고 사람들을 더 고무해야 한다고 생각한다.

파레콘을 옹호하는 것은 중요한 전략적 의미가 있다. 우리는 우리의 조직과 사회에서 공평한 보상을 추구해야 한다. 우리의 조직과 사회에서 균형 잡힌 직업군, 평의회 자주[자율]관리, 의사 결정에의 참여를 추구해야 한다. 우리는 권한을 부여하는 정보·기술·지위의 독점 가능성을 주요 쟁점으로 부각시켜야 한다. 그리고 우리 운동이 목표를 달성하지 못하게 방해하는 것에 맞서 싸워야 한다.

다음의 논의와도 관계가 있지만, 방금 말한 이유들 때문에 나는 마르크스-레닌주의의 핵심을 대부분 거부한다.

나는 경제가 압도적으로 중요한 개념이고 강령이라는 견해에 반대한다. 인종/문화, 성/가족, 정치적 가맹/정치형태가 우리의 생활 방식뿐 아니라 변혁의 전망과 관련해서도 똑같이 중요할 수 있고 현대 사회에서는 대체로 그렇다고 생각한다. 개념적으로 약간 다르긴 하지만 자연 환경이나 국제 사회의 관계도 마찬가지다. 우리는 여성차별·인종차별·권위주의가 가장 중요하다고 말하고 그렇게 생각해야 한다. 뿐만 아니라, 그런 것들에 대한 개념과 비전도 가져야 한다. 그래야 우리는 심지어 갈등이 고조되고 우리가 개인적 성향 때문에 정반대의 태도를 취하려는 압력을 받을 때조차 여성차별·인종차별·권위주의가 가장 중요한 문제라는 태도를 유지할 수 있을 것이다.

나는 경제가 인간과 사회적 생산에서 차지하는 비중을 과소평가해서는 안 된다고 생각한다. 그러나 현대 경제에서 중요한 조정자 계급을 외면한 채 두 계급만 강조하는 것도 반대한다. 이른바 시장 사회주의와 중앙집권적 계획 사회주의도 반대한다. 내가 아는 진지한 사회주의 개념은 ─ 할당의 구체화를 포함하는 진지한 의미에서 ─ 거의 다 사실상 조정자 계급이 지배하는 경제다. 나는 또, 민주적 중앙집권주의라는 조직 형태도 반대한다. 그것은 정치적 권위주의뿐 아니라 조정자의 경제적 지배도 재생산하는 경향이 있다. 정말이지, 나는 마르크스주의적 사회주의를 옹호하는 기층 활동가들이 거의 모두 지난 몇 년 동안 진정한 정의와 자유를 정말로 성취하고 싶어 했다고 생각한다. 그러나 마르크스주의 자체와 특히 마르크스-레닌주의는 "노동계급의 이데올로기"가 아니라 조정자 계급의 이데올로기라는 것이 내 생각이다.

내가 보기에, 이 마지막 결론은 명백한 듯하다. 마르크스주의 개념들은 세 번째 계급의 존재를 흐린다. 레닌주의 전략은 조정자 계급이 득세하도록 만드는 조직 형태들을 이용한다. 레닌주의가 제안하고 거듭 강조하는 경제적 비전은 사실상 조정자 계급을 지배계급의 지위로 끊임없이 끌어올린다. 마르크스가 오늘날 살아 있다면 이른바 마르크스주의와 특히 마르크스-레닌주의에 대해서 바로 이렇게 주장했을 것이다. 근대의 정치학이나 신고전파 경제학을 자본의 이데올로기로 파악했던 그의 논리와 방법을 그대로 적용한다면 말이다.

첫 번째 논평

알렉스 캘리니코스(2003년 12월 9일)

먼저 분명히 하고 싶은 것이 있다. 나는 이 논쟁에서 상대방의 견해를 쓰레기 취급하는 대결을 원하지 않는다. 이 논쟁은 같은 운동 안에서 활동하는 사람들 사이의 공통점과 차이점을 밝히는 기회다. 마이클의 견해를 읽거나 들을 때마다 나는 우리의 공통점이 얼마나 많은지를 깨닫는다.(이것이 내 착각이고 이 논쟁 과정에서 사라져 버릴지도 모르지만 말이다. 물론 그러지 않기를 바란다.) 마이클의 여는 글에 대해 몇 마디 논평을 하겠다.

1. **가치** : 마이클과 내가 제시하는 가치 목록은 약간 다르다. 마이클이 제시한 가치는 연대·다양성·평등·자율관리이고 내가 제시한 가치는 정의·효율성·민주주의·지속가능성이다. 나는 이것이 엄청난 차이가 아니라 구본적으로 동일한 견해를 (약간) 다르게 개념 정리한 것이라고 생각한다. 나는 연대와 다양성이 정의에 포함된다고 생각한다. "정의는 제도의 첫 번째 덕목"이라는 롤스의 말이 맞다고 생각한다. 마이클의 저작들을 보면,

마이클이 효율성과 지속가능성을 인정한다는 것을 분명히 알 수 있다. 자율관리는 내가 이해하는 민주주의의 핵심 가치다.

한 가지 더 중요한 차이는 마이클이 평등을 설명하는 방식과 관계있다. 마이클은 소득 분배가 노력에 따른 보상을 바탕으로 해야 한다고 말한다. 나는 이것이 산출에 따른 보상보다 더 나은 분배 원칙이며, 산출에 따른 보상은 타고난 재능이나 교육 수준 같은 유전적이거나 사회적 우연에 따른 보상이라는 데 동의한다. 그러나 노력에 따른 보상은 사람들이 직장에서 하는 구실을 바탕으로 분배가 이뤄지는 것이다. 나이나 신체장애, 그 밖의 이유 등으로 노동을 할 수 없는 사람들도 있고, 심지어 사람들이 직장에서 하는 노력조차 그들이 통제할 수 없는 다양한 외부 요인들의 영향을 받을 수 있다. 마이클은 "물론 노동을 할 수 없는 사람들도 소득을 보장받을 권리가 있다"고 말하지만, 이 (올바른) 결론을 뒷받침하는 원칙을 제시하지는 않는다. 분배를 규율하는 포괄적 원칙이 마이클에게는 없다. 그런 원칙 중 하나는 사람들이 자신이 가치 있다고 여기는 삶을 사는 데 필요한 자원들을 평등하게 이용할 수 있어야 한다는 것이다. 이것이 노력에 따른 보상을 배제하는 것은 아니다. 그러나 후자는 사람들의 노동에 대한 보상 방식을 규율하는 보조적 원칙일 뿐이다(물론 그런 원칙도 꼭 필요하다고 생각한다).

2. 파레콘 : 나는 파레콘의 기본 사상 — 노동자·소비자 평의

회에서 "협력적 협상 과정"을 통해 계획을 세우는 자율관리 경제
— 에 전적으로 동의한다. 내가 이해하는 사회주의도 그런 것이
다. 선택의 자유와 모순되지 않게 일상의 노동과 보수를 평등하
게 나누는 방식으로서 균형 잡힌 직업군은 매력적이다. 내가 주
로 단서를 달고 싶은 점은, 마이클이 묘사하는 계획 과정 — 개인
들과 평의회들이 제안을 내고 각종 촉진위원회의 도움을 받아 그
런 제안을 조정하려는 노력이 계속 반복되는 것 — 이 약간 원자
론적인 듯하다는 것이다.

개별 제안들에 따라 진행되는 그 과정에는 경제의 전반적 조
건들 — 예컨대, 자원을 소비와 투자로 배분하는 — 을 결정하는
메커니즘이 존재하지 않는 듯하다. 팻 드바인의 협상 조정이라는
계획 모델에서는 대표자 의회가 대안적 계획들을 논의해서 그런
조건을 결정한다. 분명히 그런 메커니즘은 필요하다. 예컨대, 자
본주의에서 지속가능한 경제로 이행하는 데 필요할 엄청난 재건
작업과 방향 전환을 생각해 보라. 반복을 통해 전반적 우선순위
를 결정하는 과정이 아니라 집단적으로 결정하는 민주적 과정이
참여 계획에 필요하다. 내가 오해하고 있는지 모르겠지만, 파레
콘에는 이런 과정이 없는 듯하다

3. **마르크스주의** : 마르크스주의에 대한 마이클의 이론적 비
판은 너무 일반적이어서 별로 설득력이 없다. 물론 "경제가 압도
적으로 중요한 개념이고 강령"이라는 견해는 옳지 않다. 마르크

스의 경제학 저작들은 모두 '정치경제학 비판'이라는 제목이나 부제를 달고 있다. 마르크스는 주류 경제학이 무엇보다 협소한 전문적 방법 때문에 역사적으로 특수한 사회관계들의 체계이며 흔히 매우 파괴적인 결과들을 초래한다는 사실을 이해하지 못한다고 비판했다. 물론 "여성차별 · 인종차별 · 권위주의는 아주 중요하다." 그러나 우리는 그런 쟁점들을 매우 독특한 경제 체제인 자본주의의 사회적 · 정치적 · 문화적 환경 속에서 다룬다. 따라서 자본주의의 대안과 그 대안을 성취할 전략을 만들어 내는 것이 중요하다. 마이클도 이와 비슷한 생각을 하고 있음에 틀림없다. 그렇지 않다면 그는 파레콘을 발전시키느라 무진 애를 쓰지 않았을 것이다.

마이클은 다음과 같이 썼다. "현대 경제에서 중요한 조정자 계급을 외면한 채 두 계급만 강조하는 것도 반대한다." 더 나아가 (한때) 실제로 존재했던 또는 가상의 사회주의는 모두 "사실상 조정자 계급이 지배하는 경제"라고 말하기까지 한다. 내가 보기에, 마이클은 서로 다른 많은 쟁점을 한꺼번에 다루고 있다. 여기서는 두 가지만 따로 살펴보자. (1) 스탈린주의를 어떻게 이해할 것인가? (2) 현대 자본주의의 계급 구조는 어떠한가?

(1) 공식적으로, 내가 속한 마르크스주의 전통에서는 1920년대 말 이후의 소련과 그 밖의 다른 모든 '국가사회주의' 사회들 (동유럽 · 중국 · 쿠바 · 베트남 등)은 결코 사회주의가 아니었고 사

실상 자본주의의 특수한 변형인 관료적 국가자본주의였다고 본다. 스탈린주의에 대한 그런 분석은 토니 클리프가 그의 책, 특히 ≪소련 국가자본주의≫에서 발전시켰다. 소련의 노동계급은 관료 지배계급에게 착취당했고, 소련 지배계급은 (당-국가 독재를 통해) 생산수단을 사실상 지배했고 선진 자본주의 국가들과의 군사적 경쟁에 따른 축적 과정에 사로잡혀 있었다.

(2) 19세기 말 이후 자본주의의 특징은 대기업들의 지배력이 커졌다는 것이다. 이를 위해 자본가 계급 대신 이들 대기업을 관리할 관료적 구조들이 발전하게 됐다. 이것은 또 절대적 조건에서든 종업원의 비율에서든 화이트칼라 피고용인들이 엄청나게 늘어난 중요한 요인이었다. 1970년대에 미국의 좌파 지식인들(마이클도 포함해서) 사이에서는 이들 계층(특히, 관리자들)을 계급 구조 속에 어떻게 자리매김할 것인지를 둘러싸고 중요한 논쟁이 벌어졌다. 내가 보기에, 이 문제에 대한 최상의 해답을 내놓은 사람은 모순된 계급 지위 이론을 주장한 에릭 올린 라이트였다. 라이트의 핵심 주장은 화이트칼라 피고용인들이 동질적 사회 집단이 아니라, 자본과 임금노동이라는 근본적 적대 관계 사이에서 그들이 차지하는 위치에 따라 계급 구조를 가로질러 존재한다는 것이다.

보통의 화이트칼라 노동자 대중은 블루칼라 노동자들과 마찬가지로 착취당하고 관리자에게 통제받는 노동계급의 일부다. 소수의 고위 임원들은 그들의 경제력과 (스톡옵션 제도 등을 통해) 이윤의 일부를 보수로 받는다는 것 때문에 자본가 계급에 속한다. 이 두 극단 사이에는 꽤 많은 사람들이 있는데, 그들의 다수는 라이트가 말한 모순된 계급 지위에 있는 관리자들이다.

그래서 나는 생산관계에서 양쪽의 지위를 모두 차지하는 독특한 조정자 계급이 존재한다고 생각하지 않는다. 그렇다고 해서 상대적으로 부차적인 화이트칼라 직무 종사자들이 지배계급이 되는 상황이 존재하지 않는다는 말은 아니다. 20세기의 역사를 보면, 민간 부르주아지가 취약하고, 혁명이나 전쟁이나 그 밖의 어떤 외부 개입 때문에 자산 계급들이 대체로 파괴되고, 피착취 계급들이 권력을 쟁취하거나 강화할 수 없는 곳에서는 봉급을 받는 중간계급 인자들이 지배계급이 될 수 있다는 사실을 알 수 있다. 나는 아주 다양한 경우들을 포괄하는 아주 일반적인 용어들로 앞 문장을 서술했다. 즉, 단지 스탈린주의 사회들뿐 아니라 국가 통제 경제가 압도적인 옛 식민지 나라들도 여기에 해당한다.

마이클이나 나 같은 혁명가들의 관점에서 보면, 마지막 조건 — 아래로부터의 대안이 스스로 확립되지 못한 것 — 이 가장 중요하다. 여기서 우리의 가장 중요한 차이는 내가 대체로 조정자 계급이 대중조직들을 장악했기 때문에 아래로부터의 대안이 확립되지 못했다고 생각하지 않는다는 것이다. 혁명은 흔히 불리한 국제 환경과 국내의 계급·정치 세력들의 상호작용을 통해 패배하거나 타락한다. 우리의 미래에 도움이 되는 교훈들을 배우려면 그런 국내외 조건의 상호작용에 대한 신중한 분석과 역사적 탐구가 필요하다. 마이클의 주장에는 레닌주의 문제와 민주적 중앙집권주의 문제가 뒤섞여 있다. 그는 민주적 중앙집권주의를 "정치적 권위주의뿐 아니라 조정자의 경제적 지배도 재생산하는 경향이 있는 조직 형태"라고 말했는데, 내가 이 말에 동의하지 않는 이유는 다음 기회에 밝히겠다.

첫 번째 답변

마이클 앨버트(2003년 12월 10일)

우리는 연대와 다양성, 그리고 노동자·소비자가 영향을 받는 정도에 비례해서 정책 결정에 영향을 미치는 것이 바람직하다는 데 동의하는 듯하다. 그러나 보상과 관련해서 당신은 노력과 희생에 따른 보상뿐 아니라 노동할 수 없는 사람들에 대한 보상도 필요하다고 지적한다. 모든 경우를 포괄하는 하나의 규범을 만들기 위해 당신은 다음과 같이 제안한다. "사람들이 자신이 가치 있다고 여기는 삶을 사는 데 필요한 자원들을 평등하게 이용할 수 있어야 한다." 그러나 당신의 규범을 따를 경우, 내가 여행이나 맛있는 음식이나 음악을 가치 있다고 여긴다면 평균 이하의 노동을 하고 평균 이상의 소비를 해도 좋다는 것인가? 당신의 규범은 이런 경우를 어떻게 배제할 것인가? 노력과 희생에 따라 보상할 뿐 아니라 노동할 수 없는 사람들에게도 충분한 소득을 제공하는 규범과 당신의 규범은 어떻게 다른가?

당신은 파레콘의 균형 잡힌 직업군, 자율관리, 평의회, 심지어 참여 계획도 대체로 인정하지만, 평의회들이 협력적으로 협상하는 것이 "약간 원자론적"인 듯하다고 우려한다.

파레콘에서 사람들은 때로는 개인으로서, 때로는 소규모 단체로서, 때로는 대규모 단체의 회원으로서, 심지어 매우 큰 집단의 일원으로서 기능한다. 각각의 수준에서 사람들은 자율관리와 모순되지 않는 의결 방법을 채택할 것이다.

파레콘은 모든 사람의 행복을 원자화하는 것이 아니라 결합시킨다. 파레콘에서는 누구나 모든 사람의 삶을 향상시켜 주는 평균적 직업군을 갖게 될 것이다. 균형 잡힌 노동의 시간당 보수는 동일할 것이다. 그리고 모든 사람은 전반적 생산성을 최대한 향상시키거나 힘들고 귀찮은 노동을 최대한 감소시키는 혁신에 관심을 기울일 것이다. 또, 파레콘은 소비재 생산자들의 조건에 대한 정보와 소비자들의 쾌락(과 고통)에 대한 정보도 제공할 것이다. 다시 말해, 파레콘은 자기의식적으로 고립을 극복할 것이다.

각각의 경제 체제는 포괄적인 문제들이 있다. 예컨대, 생산적 산출 가운데 투자에 들어가는 몫을 결정하는 문제나 새로운 댐이나 항공관제 시스템 건설 같은 중요한 장기 프로젝트를 결정히는 문제 등이 그렇다. 그런 결정은 (다른 모든 결정과 마찬가지로) 서로 결합된다. 모든 사람이 자율관리 권한을 갖게 되면, 그리고 다른 모든 결정에 미치는 영향을 고려해서 각각의 결정을 내린다면, 모든 것을 조화롭게 결정하는 것이 이상적이다. 그래서 각각의 측면을 결정할 때 다른 모든 측면의 예상 결과를 정확히 알고 결정해야 한다.

소비자와 생산자 들은 투자의 비용과 수익을 가늠할 수 없다면 투자를 얼마나 많이 해야 할지 알 수 없다. 이 모든 것은 경제 전반에서 여러 가지 선택을 종합적으로 결합시키는 것에 달려 있다. 따라서 파레콘에서는 모든 계획이 하나의 포괄적인 과정을 통해 결정된다.

사실, 참여 계획을 세부적으로 실행할 때는 먼저 과거와 미래의 대규모 투자들을 집단적으로 검토해서 계획의 나머지 부분에 대한 한계를 폭넓게 설정하는 시기가 있을 것이다. 각각의 행위자는 소득과 여가, 현재의 소비와 향후 조건 개선을 위한 투자를 비교 평가할 것이다. 그래서 자신의 개인적 소비나 작업장의 소비 계획과 대규모 투자 계획에 대한 정보를 제공할 것이다.

파레콘, 특히 참여 계획을 여기서 자세히 설명할 수는 없다. 그러나 내가 보기에 우리의 논쟁에서 핵심 쟁점은 참여 계획이 평의회의 수평적 자율관리 커뮤니케이션 이외의 권력 중심을 세우지 않고도 단기 경제 선택과 장기 경제 선택을 모두 효과적으로 다룰 수 있다면 그렇게 하는 것이 좋다는 데 당신이 동의하느냐 안 하느냐 하는 것이다.

마르크스주의에 대해 당신은 "마르크스주의에 대한 마이클의 이론적 비판은 너무 일반적이어서 별로 설득력이 없다"고 주장했다.

내 첫 번째 주장은 마르크스주의의 사회관과 역사관은 노동자들의 이익을 우선시하고 여성들이나 문화적·정치적 피억압자들의 이익을 뒷전으로 돌린다는 것이다. 따라서 다른 사회생활 분야들과 관련해서 대안적 통찰력을 가장 잘 보여 준 사람들은 대체로 마르크스주의자들이 아니라 페미니스트들, 인종 차별 반대 활동가들, 아나키스트들이다.

내 두 번째 주장은 경제 자체와 관련해서도 마르크스주의는 노동 대중이 자신들의 삶을 통제하기 위해 무엇이 중요한지를 강조하는 것이 아니라 조정자 계급이 새로운 조정자 지배 경제를 쟁취하려 할 때 노동자들의 지지를 얻기 위해 무엇이 중요한지를 강조한다는 것이다.

이 두 주장은 상당히 설득력이 있다고 생각한다.

당신은 "물론 '여성차별·인종차별·권위주의는 아주 중요하다.' 그러나 우리는 그런 쟁점들을 매우 독특한 경제 체제인 자본주의의 사회적·정치적·문화적 환경 속에서 다룬다"고 말했다. 동의한다. 그러나 우리는 또 경제적 쟁점들을 가부장제·인종차별·권위주의의 사회적·정치적·문화적 환경 속에서 다루기도 한다.

다시 말해, 경제적 구조뿐 아니라 가부장적·인종차별적·권위주의적 구조들도 강력한 영향력을 발휘하며, 경제적 관계를 포함한 삶의 모든 측면에 그 영향력이 미친다. 경제학을 가장 우위에 둘 이유는 전혀 없다.

마르크스주의자들은 가족·문화·정치조직보다 경제에 더 집중한다. 사실, 가족·문화·정치조직에 집중할 때조차 그들은 경제적 개념이나 경제적 의미에 비추어 그렇게 하기 십상이다. 그런 일이 벌어지는 이유는 마르크스주의자들이 사용하는 개념적 도구 때문이다. 그런 개념 도구들은 더 다양한 우선순위를 가진 것들로 교체해야 한다.

당신은 [관료 집단이] 소련 경제를 장악해서 노동자들을 착취한 정치적/관료적 현상이 스탈린주의라고 말한다. 그런 설명에는 많은 진실이 담겨 있고, 어떤 점에서 스탈린주의는 국가를 장악하고 자본주의 경제 활동을 지배한 나치즘과 비슷하다고 생각한다. 그러나 자본주의는 독일과 이탈리아의 파시스트 정치 구조 하에서도 여전히 존재했고, 소련의 스탈린주의 하에서도 경제는 존재했다. 그러나 그 소련 경제는 자본주의적이지도 않았고 노동자들을 지배 권력으로 끌어올리지도 않았다. 오히려 스탈린 시절의 경제는 조정자 계급을 끌어올렸다. 그것은 중앙집권적 계획, 위계적 분업, 권력에 따른 보상 경제였고, 따라서 우리가 중시하는 가치들과 배치된다.

마르크스주의자들은 옛 소련 경제를 '사회주의'라고 부르기를 원하지 않는다. 그들의 개념적 도구 상자에 있는 다른 경제 용어는 '자본주의'뿐이다. 그래서 마르크스주의자들은 옛 소련 경제를 '변형된 자본주의'라고 부른다. 그러나 소련 경제에는 사적 소유도 없었고 시장도 없었다. 그런데 어떻게 소련 경제를 자본주의라고 부를 수 있겠는가? 소련 경제에 실제로 존재한 것은 조정자 계급을 지배적인 경제 권력으로 끌어올린 제도와 스탈린주의 국가였다. 결정적으로 중요한 세 번째 계급을 강조할 개념이 없어서 마르크스주의자들은 자신들이 좋아하지 않는 경제를 모두 '자본주의'라고 부르는 것이다. 심지어 그 경제에 자본가들이 없어도 말이다.

당신은 자본주의가 성장하면서 자본가들이 관리자, 엔지니어, 금융 사무원 등을 고용할 필요가 절실해졌다며 이들 집단과 기타 다양한 전문직 종사자들이 내가 말한 조정자 계급이라고 지적했다. 동의한다. 그러나 이런 지적에도 불구하고 여전히 남는 문제는 그들이 단지 새로운 부차적 속성을 가진 노동자일 뿐인가 아니면 노동과 자본 사이에 존재하며 둘과 근본적으로 다른 세 번째 계급인가 하는 것이다.

내가 보기에, 이 질문은 조정자 집단의 자기의식이 기계적 노동자들이나 자본가들의 자기의식과 같은가 다른가, 취향과 선호가 같은가 다른가, 그 집단과 경제의 관계가 노동자·자본가의 경우와 같은가 다른가, 따라서 이해관계도 같은가 다른가, 마지막으로 조정자 집단이 새로운 지배계급이 될 수 있는가 없는가 하는 것이다.

나는 조정자 집단이 노동자들보다 소득도 많고 조건도 좋으며, 조건을 개선하는 방식도 다르고, 자기 이미지도 다르다는 사실, 특히 지배계급이 될 수 있다는 사실 때문에, 우리가 조정자 집단의 중대한 우위를 인정해야 한다고 생각한다. 그러나 당신은 "자본과 임금노동이라는 근본적 적대"가 내가 한편으로 자본과 조정자들의 근본적 적대, 다른 한편으로 조정자들과 노동자들의 근본적 적대라고 부르는 것을 궁극적으로 압도한다고 생각하는 듯하다. 그러나 내가 보기에 조정자 계급의 의제들은 사회주의 투쟁의 역사와 그 결과로 조정자주의(와 권위주의)가 나타난 데서 부차적이기는 커녕 핵심적이었던 것 같다.

당신은 권한 부여 업무의 독점을 강조한 내 용어를 '화이트칼라'로 요약되는 다른 용어로 바꿔 버렸다. 즉, "보통의 화이트칼라 노동자 대중은 블루칼라 노동자들과 마찬가지로 착취당하고 관리자에게 통제 받는 노동계급의 일부다" 하고 말했다. 그러나 보통의 화이트칼라 노동자 대다수의 상황이 조정자 계급 논의와 무슨 관계가 있는가?

권한 부여 업무를 독점하고 따라서 고소득과 높은 지위를 차지하고 그들 자신의 삶과 흔히 아랫사람들의 삶도 대부분 통제하는 부문을 간단히 노동계급으로 치부할 수는 없다. 그런 차이는 결코 무시해서는 안 된다.

당신은 내가 정밀하게 구분한 사람들이 오늘날 자본주의에서 흔히 임금을 얻으려고 기업주를 위해 일하고 그래서 조립라인의 노동자들과 어느 정도 비슷하다고 지적했다. 그 말은 맞다. 그러나 그들은 정보를 계속 장악하고 일상의 영향력을 지렛대로 이용해서 자신들의 힘과 지위를 얻는다. 이것은 그들 휘하의 노동자들과 사뭇 다른 점이다. 조정자들은 노동자들보다 소득도 더 많고 노동자들과 관련된 정책을 결정할 권한도 갖고 있다.

당신은 "그렇다고 해서 상대적으로 부차적인 화이트칼라 직무 종사자들이 지배계급이 되는 상황이 존재하지 않는다는 말은 아니다" 하고 말했다. 그런 가능성을 인정한다면, 아마 당신은 아주 권위적인 화이트칼라 노동자들도 지배계급이 될 수 있다고 생각할 것이다.

당신은 선진 자본주의 경제들에서 노동력의 약 20퍼센트가 권한 부여 조건과 업무 등을 독점하고 그 덕분에 하위 80퍼센트보다 그들 자신의 상황을 훨씬 더 많이 통제하고 아랫사람들도 상당히 통제한다는 것에 동의하는가?

그리고 중앙집권적 계획이나 시장뿐 아니라 위계적 분업, 권력에 따른 보상도 있는 경제에서는 이 20퍼센트가 지배계급이 된다는 것에 동의하는가?

두 질문에 모두 동의한다면 그 20퍼센트를 뭐라고 부르든 우리는 그 단어 이면의 현실에 동의하는 것이고, 그렇다면 우리는 그 집단을 예의 주시해야 한다는 것에도 동의해야 한다.

마르크스주의적 반자본주의 운동이 노동계급에 반하는 결과를 초래하는 것은 조정자 계급 출신 사람들이 조직을 강탈하기 때문이라기보다는 조직과 운동을 지도하는 이데올로기와 비전이 조정자의 가치를 포함하고 조정자의 목표들을 추구하기 때문이다.

경제와 관련해서 문제는 영국이나 미국 같은 나라에서 (1) 자본주의 이후에 가능한 미래사회는 계급 없는 자율관리 사회 하나뿐인가 아니면 (2) 그렇게 좋은 사회일 수도 있고 시장이나 중앙집권적 계획 조정자 체제가 존재하는 사회일 수 있는가 하는 것이다.

그 대답이 (1)이라면, 반자본주의 운동은 자본주의를 제거하기만 하면 될 것이다. 그러면 반자본주의 운동은 원하는 목표를 이룰 것이고 다른 일은 일어나지 않을 것이다.

그러나 그 대답이 (2)라면, 우리는 원하는 목표를 이루기 위해 자본주의를 제거해야 할 뿐 아니라 우리의 프로젝트가 바람직한 미래 경제를 지향하도록 만들어야 할 것이다.

다시 말해, (1)의 경우에 우리가 전략·전술과 관련해서 제기해야 하는 질문은 전략·전술이 자본가들을 쫓아내고 국가권력을 쟁취하는 데 도움이 될 것인가 하는 것뿐이다. 그런 전략·전술이 저항에 활기를 불어넣고 변화를 가져다 줄 수 있을까? (2)의 경우에는 우리의 전략으로 자본가들을 쫓아낼 수 있는가 하는 질문뿐 아니라 그런 전략이 조정자들과 노동자들 각각의 수단과 지위에 어떤 영향을 미칠 것인가 하는 질문도 던져야 한다. 왜냐하면 그 결과가 나중에 우리의 경제적 미래를 좌우할 것이기 때문이다.

그 점에서, 그리고 마지막으로, 내 여는 글의 주장 가운데 당신이 답변하지 않은 것을 지적하고 싶다. 그것은 우리가 추구하는 미래의 구조들을 현재의 진보적 제도와 운동 기구에 최대한 많이 포함시키는 것이 중요하다는 주장이었다. 그래서 우리의 홍보 활동, 두뇌 집단, 운동 조직(노동조합부터 정당까지)에 노력과 희생에 따른 보상, 균형 잡힌 직업군, 자율관리를 끊임없이 포함시켜야 한다는 것이다. 이것이 현재 우리의 일차적 과제 가운데 하나라는 것에 동의하는가?

두 번째 논평

알렉스 캘리니코스(2003년 12월 16일)

친애하는 마이클,

일도 많은데 당신에게 답변하는 두 글을 동시에 써야 하는 상황이라 분업을 해야 할 것 같다(균형 잡힌 직업군에 대한 농담을 이해해 주기 바란다). 당신의 첫 번째 답변에서 제기된 쟁점들에 대해 여기서 모두 논평하지는 않겠다. 빠진 부분들은 내가 쓴 다른 글에서 찾아보기 바란다.

1. 정의 : 당신은 다음과 같이 물었다. "노력과 희생에 따라 보상할 뿐 아니라 노동할 수 없는 사람들에게도 충분한 소득을 제공하는 규범과 당신의 규범[즉, 모든 사람은 자신이 가치 있다고 여기는 삶을 사는 데 필요한 자원들을 평등하게 이용할 수 있어야 한다는 주장 — 알렉스]은 어떻게 다른가?" 당신의 체계에서는 서로 다른 두 규범처럼 보이는 것이 내 규범에서는 하나의 원칙으로 정당화된다는 것이 대답이다. 내가 이해하는 평등주의적 정의는 다음과 같은 것이다.

자원은 필요를 따라야 한다. 따라서 노동할 수 없는 사람들도 소득이 있어야 한다.

모든 사람의 자아실현 기회는 평등해야 한다. 당신의 욕구 충족에 드는 비용이 내 욕구 충족에 드는 비용보다 비싸다면 어떻게 되는지를 당신은 강조하지만, 그 문제는 평등주의 철학자들 사이에서 많이 논의돼 왔다. 아주 간단히 대답하자면, 내가 이해하는 평등은 기회의 평등이라는 것이다. 다시 말해, 당신의 기회만큼 나에게도 기회가 있어야 한다는 것이다. 따라서 당신에게 제공된 것과 똑같은 수준의 대안들이 나에게도 제공돼야 하기 때문에 당신의 더 값비싼 취향을 만족시키려고 당신이 더 많은 자원을 요구하더라도 그 요구는 제한될 수밖에 없다는 것이다.

결과가 아니라 기회가 평등해야 한다. 내가 이미 말했듯이, 이것은 노력에 따른 보상과 모순되지 않는다. 이런 의미에서 당신의 보상 규범은 더 일반적인 내 정의 원칙에 포함된다.(이 말을 되풀이하는 이유는 당신이 아직 완전히 이해하지 못한 것 같아서다. 당신 — 과 마르크스와 롤스 — 과 마찬가지로 나도 사람들이 유전적 우연이나 타고난 재능에 따라 보상받는 것에 찬성하지 않는다.)

2. 파레콘 : 당신은 "참여 계획이 평의회의 수평적 자율관리 커뮤니케이션 이외의 권력 중심을 세우지 않고도 참여 계획이 단기 경제 선택과 장기 경제 선택을 모두 효과적으로 다룰 수 있다면 그렇게 하는 것이 좋다는 데 동의하느냐"고 물었다. 물론 동

의한다. 나는 결코 고스플란Gosplan*을 원하지 않는다. 다시 말해, 정보와 권력을 독점하려 하는 관료적 계획 중앙을 원하지 않는다. 파레콘에 대한 내 질문은 "평의회의 수평적 자율관리 커뮤니케이션"의 본질에 대한 우호적 질문이었다. 더 구체적으로 말해서, 그런 커뮤니케이션이 어떤 메커니즘을 통해 자원의 세계적 할당을 결정하는가 하는 것이었다.

≪파레콘≫에서 당신이 한 설명은 약간 양면적인 듯하다. 한편으로 당신은 파레콘이 끝없는 회의의 연속일 것이라는 주장을 반박하며 "몇 차례 반복을 통해 전반적 계획의 대체적 윤곽을 잡은 후에 계획촉진위원회가 그런 윤곽 안에서 몇 가지 실행 가능한 계획들을 (기계적으로) 선별해서 사람들이 굳이 회의나 논쟁을 하지 않고도 그 계획들을 표결에 부칠 것"이라는 점을 근거로 들었다(260쪽). 이 말은 약간 원자론에 가까운 것처럼 들린다. 현재 진행 중인 경제적 자율관리에서는 괜찮을지 몰라도 전반적인 자원 할당의 '한계'를 결정하기에는 적절한 메커니즘이 아니기 때문이다. 다른 한편으로 몇 페이지 뒤에서 당신은 장기 계획의 맥락에서 "평의회 연맹"을 언급한다(263쪽). 그러나 이 말은 상당히 모호하다. 나는 대의제 의회(직접 선출되든 평의회 대의원들로 구성되든)를 포함하는 모종의 대규모(궁극적으로 세계적인) 의결 과

---

* 옛 소련의 국가계획위원회.

정 없이 잘될 수 있을지 모르겠다.

　이런 논평이 적대적 의도에서 나온 것이 아님을 이해해 주기 바란다. 나는 참여 계획이 제대로 작동하기를 진심으로 바란다. 그리고 당신이 제안한 모델의 본질을 이해하려고 노력하고 있다.

　3. **마르크스주의** : 마르크스주의에 대한 당신의 이론적 비판은 여전히 별로 위협적이지 않은 듯하다. 당신의 비판은 마르크스주의에 대한 가장 오래된 혐의, 즉 마르크스주의가 경제결정론이라는 것이다. 이와 관련된 철학적 쟁점들을 다룰 만한 시간과 지면의 여유가 없으므로 두 가지만 짚고 넘어가겠다.

　(1) 일찍이 마르크스는 자신의 목표가 '인간 해방'이라고 선언했다. 그가 이해한 인간 해방은 인류가 모든 형태의 억압과 지배에서 완전히 해방되는 것이었다. 마르크스주의자들이 경제에만 관심이 있는 것은 아니다. 계급 착취, (특히 자본주의적) 계급 착취를 제거하는 일을 전략적으로 특별히 중요하게 생각한다고 해서 다른 억압 형태의 독특한 특징·성질·논리를 부인하는 것은 아니다. 오히려 현재의 경제 체제를 해체하지 못하면 그런 억압들을 제거할 수 있는 기회도 없을 것이라고 생각한다. 따라서 경제체제에 반대하는 투쟁은 억압 반대 투쟁들을 촉진할 가능성이 크고, 온갖 억압 반대 투쟁의 뒷받침을 받지 못하면 성공할 수 없다고 생각한다. 오늘날 반자본주의 운동이 놀라울 만큼 다양한 구체적 투쟁들을 포괄하는 것을 보면, 적어도 이 결론의 앞부분

은 옳다는 것을 알 수 있다.

(2) 당신은 다음과 같이 말했다. "우리는 …… 경제적 쟁점들을 가부장제·인종차별·권위주의의 사회적·정치적·문화적 환경 속에서 다루기도 한다." 물론이다. 그러나 그런 억압들을 자본주의에서 자율적인 것이라고 생각할 수 있을까? 예컨대, 당신이 '가부장제'라고 부른 것(나는 그 말이 혼란을 초래할 수 있다고 생각한다)을 후기 자본주의에서 여성 신체의 상품화를 고려하지 않은 채 이해할 수 있을까? 또는 노예제와 제국의 역사적 유산, 이주 노동과 분열·지배 전략에 의존해 온 자본주의 등을 고려하지 않은 채 인종 차별을 이해할 수 있을까? 이와 관련된 각종 폐해들이 모두 똑같지도 않고 각자 따로 따로 주목해야 할 대상이기는 하지만, 그 원인이 서로 독립적인 것만은 아니다. 우리가 (포스트모더니스트들의 주장과 달리) 한 묶음의 자율적 억압들과 대결하는 것이 아니라 하나의 체제와 대결하고 있다는 깨달음의 확산이 현재 운동의 토대가 아닌가?

4. **조정자들**: 당신이 그런 결론에 저항하는 이유 가운데 하나는 마르크스주의가 '세 번째 계급', 즉 조정자들을 무시한다는 생각 때문인 듯하다. 이 주장의 장점이 무엇이든, 이 주장은 우리를 다시 정치경제학의 영역으로 되돌려 놓는다. 우리 마르크스주의자들이 헤어 나오지 못하는 수렁이라고 당신이 비판하는 바로 그 영역으로 말이다.

당신은 다음과 같이 물었다. "당신[알렉스]은 선진 자본주의 경제들에서 노동력의 약 20퍼센트가 권한 부여 조건과 업무 등을 독점하고 그 덕분에 하위 80퍼센트보다 그들 자신의 상황을 훨씬 더 많이 통제하고 아랫사람들도 상당히 통제한다는 것에 동의하는가?" 동의한다. 그러나 나는 그런 사람들이 동질적인 하나의 계급이라고 생각하지 않는다. 오히려 그들은 자본과 노동의 특성, 심지어 어떤 경우에는 쁘띠부르주아지의 특성조차 갖고 있다는 점에서 서로 다른 사회계층이라고 생각한다.

예컨대, 대학교수와 고위 경영자 둘 다 이 계층에 속한다. 임금노동자 대중과 비교하면 교수는 상대적으로 많은 봉급을 받을 뿐 아니라 자신의 노동에 대한 통제력도 비교적 강하기 때문에 특권적 존재라고 할 수 있지만, 다른 노동자들에 대한 통제력은 별로 없거나 전혀 없다. 반면에, 경영자는 보통의 노동자들에 대한 통제력을 행사하고 십중팔구 교수보다 보수도 더 많겠지만, 이런 힘을 사용하는 방식에서는 재량권이 더 작을 수 있다.

당신은 또 다음과 같이 물었다. "그리고 중앙집권적 계획이나 시장뿐 아니라 위계적 분업, 권력에 따른 보상도 있는 경제에서는 이 20퍼센트가 지배계급이 된다는 것에 동의하는가?" 결코 그렇지 않다. 자원 할당 방식을 전략적으로 결정하는 집단이라는 의미의 지배계급은 규모가 훨씬 더 작다. 1980년대에 출간된 영국 상층 계급들에 대한 사회학 연구 보고서는 영국 경제를 지배하는 상위 기업 1000개를 통제하는 사람들과 그들의 가족을 2만 5000~5만 명, 인구의 1퍼센트 미만으로 추산했다. 마찬가지로, 옛 소련의 관료가 모두 지배계급이었던 것은 아니다. 권력이라는 지렛대를 통제하고 따라서 엄청난 물질적 특권을 누린 중앙의 정치적 관료 집단은 십중팔구 마거릿 대처 시절 영국의 경제적 지배계급보다 규모가 훨씬 더 작았다.

일단 이 근본적 문제를 명확히 하고 나면, 남은 문제는 중간계층 출신 사람들 — 그들의 사회적 권력은 재산에서 나오는 것이 아니다 — 이 지배계급이 될 수 있는가 없는가 하는 것이다. 물론 그럴 수 있다. 스탈린주의와 많은 탈脫식민지 국가의 역사가 이를 보여 준다. 그러나 내가 보기에 그것은 조정자들이 권력을 향해 가차 없이 진군한 결과가 아니다. 구래의 자산 계급들이 해체되고 노동자들과 그 밖의 피억압 계급의 독자적 조직이 존재하지 않는 특별한 역사적 상황에서는 중간계층 인자들이 새로운 지배계급이 될 수 있다. 이 말은 당신의 마지막 질문에 대한 답이기도 한데, 우리가 자기 조직화와 더 광범한 민주주의적·평등주의적 실천을 발전시켜야 한다는 뜻이다. 그러나 우리는 이런 역사적 상황을 더 잘 이해할 필요도 있다. 이 점은 내 여는 글*에 대한 당신의 최근 논평에 답변할 때 더 자세히 이야기하겠다.

---

* 이 책 77쪽에 있는 "혁명적 사회주의를 위한 주장"을 말한다.

두 번째 답변

마이클 앨버트(2003년 12월 17일)

알렉스,

당신은 파레콘에 존재하는 서로 다른 두 가지 보상 규범, 즉 노동할 수 있는 사람들에 대한 보상 규범과 노동할 수 없는 사람들에 대한 보상 규범을 당신의 정의 규범이 포괄한다고 주장한다.

그러나 1년에 3만 달러를 버는 사람과 40만 달러를 버는 사람이 있더라도 두 사람에게 고소득 직종을 구할 기회가 똑같이 보장되기만 한다면 좋은 사회라고 말하는 사람이 있다고 치자. 당신이 그런 주장에 반대한다면, 그 이유는 무엇인가? 고소득자가 더 많은 품목을 얻을 수 있다는 것이 그 이유라면, 당신의 정의 규범은 사람들이 장시간 노동이나 고된 노동의 대가로 더 많은 보수를 받는 것을 어떻게 허용하는가? 마지막으로, 당신이 말한 가치가 허용하는 다른 보상 규범은 어떤 것이 있는가?

참여 계획을 이용해서 투자를 포함한 모든 할당을 처리할 수 있다는 것에 당신이 동의한다는 뜻은 우리가 할당에 동의한다는 것이다. 왜냐하면 나는 참여 계획이 처리할 수 없는 할당이 있다면 참여 계획은 수정되고 확대되고 심지어 교체돼야 한다는 것을 인정하기 때문이다.

당신은 다음과 같이 물었다. "…… 어떤 메커니즘을 통해 자원의 세계적 할당을 결정하는가?" 투자와 소비 사이의 할당이라면, 처음에 유연하게 선택한 뒤 협상을 통해 계획을 마무리하는 방식이 대략의 메커니즘일 것이다. 분명히, 각각의 행위자는 더 많은 소비 욕구와 투자 이득에 기대치를 비교해서 평가할 것이다. [할당의] 영향을 받는 생산자들과 소비자들이 사회적 비용과 이득을 충분히 고려하고 촉진위원회가 제공한 정보를 이용해 여러 제안을 발의하고 검토하는 등 다른 계획도 개념적 방식은 동일하다. 여기서 충분히 설명할 여유도 없지만, 나는 당신이나 다른 어느 누구도 간단한 설명을 듣고 파레콘에 대한 확신을 갖게 될 것이라고 생각하지 않는다. 여기서 우리가 동의할 수 있는 최대한도는, 참여 계획이 모든 종류의 할당을 처리할 수 있다면 당연히 그렇게 해야 한다는 것이다. 관심이 있는 사람들은 파레콘에 대한 자세한 설명을 살펴보고 그 실행 가능성을 평가하기 바란다.

당신은 다음과 같이 말했다. "마르크스주의에 대한 당신의 이론적 비판은 여전히 별로 위협적이지 않은 듯하다. 당신의 비판은 마르크스주의에 대한 가장 오래된 혐의, 즉 마르크스주의가 경제 결정론이라는 것이다." 그러나 약점을 지적하는 것이 곧 위협이어야 할 이유가 있는가? 그것은 발전을 위한 기회가 아니겠는가? 그렇다, 내 주장은 마르크스주의가 십대들의 성생활, 가톨릭 신자들의 정신적 성향, 동성애자 문화, 권력의 작동 방식, 법원의 판결, 여성의 사회적 지위 같은 문제들에서 취약하다는 것이다. 그렇다, 이것은 근본적으로 마르크스주의가 경제에 대한 관심을 사회생활의 모든 측면에 대한 관심으로 착각하고 있다는 주장이다.

내가 생각하는 마르크스주의의 문제가 이것뿐이라면, 해결책은 사회주의 페미니스트들의 방식을 확대하는 것이다. 가족과 성을 강조하는 개념적 도구들을 이용해 마르크스주의의 개념적 도구들을 확대하고, 나아가 두 개념 체계를 모두 재검토해서 서로 상대방의 통찰을 수용하면 될 것이다. 우리가 또 문화적 다원주의와 아나키즘의 개념적 도구들도 추가하고 그 모든 개념들을 다른 통찰들에 비추어서 정교하게 다듬으면, 인종과 문화적 정체성, 성과 성적 지향, 권력과 정치적 위계질서, 계급과 경제적 관계를 동등하게 강조하는 개념들을 얻을 수 있을 것이다.

당신은 마르크스가 "모든 형태의 억압"에서 해방되는 것을 포함하는 "인간 해방"을 목표로 삼았다고 말했다. 그러나 여기서 "모든"은 구체적으로 무엇을 뜻하는가? 경제나 계급을 강조하는 것과 똑같은 수준에서 섹슈얼리티·성·인종·권력도 강조하는 마르크스주의 개념들도 있다는 것을 당신이 보여 주었다면 좋았겠다는 아쉬움이 남는다.

당신은 "마르크스주의자들이 경제에만 관심이 있는 것은 아니다" 하고 말했지만, 나는 결코 그렇게 말한 적이 없다. 나는 마르크스주의자들이 경제 이외의 분야를 다루기 전에 자신들의 개념적 도구에 다른 것들을 추가하지 않는다면 아주 앙상해질 것이라고 말했다. 마르크스주의자들은 성적·문화적·정치적 현상보다 경제적 현상을 훨씬 더 중시한다. 그 때문에 마르크스주의 혁명에서는 동성애 혐오, 가부장제, 사회주의 리얼리즘, 획일적 공동체, 정치적 독재가 되풀이됐다.

당신은 다음과 같이 말했다. "계급 착취를 제거하는 일을 전략적으로 특별히 중요하게 생각한다고 해서 다른 억압 형태의 독특한 특징·성질·논리를 부인하는 것은 아니다." 동의한다. 그러나 다른 영역들을 훨씬 덜 강조한다는 사실을 인식하는 개념조차 없기 때문에 그런 영역들에 대한 관심이 떨어지는 것이다.

당신은 다음과 같이 물었다. "가부장제·인종차별·권위주의를 …… 자본주의에서 자율적인 것이라고 생각할 수 있을까?" 맞다, 그렇게 생각할 수 없다. 그러나 페미니스트도 마찬가지로 주장할 수 있다. 즉, 가부장제가 자본주의와 함께 존재한다는 사실이 가부장제의 특징적 관계들에 영향을 미칠 수 있는 반면, 자본주의가 가부장제와 함께 존재한다는 사실이 자본주의의 특징적 관계들에 영향을 미칠 수 있다는 것이다. 문화와 정치도 마찬가지다. 오직 자본주의 경제만이 영향을 미치는 것이 아니라 네 가지 체제가 각각 다른 체제에 영향을 미칠 수 있는 것이다.

당신은 다음과 같이 물었다. "예컨대, 당신[마이클]이 '가부장제'라고 부른 것을 후기 자본주의에서 여성 신체의 상품화를 고려하지 않은 채 이해할 수 있을까?" 그런 특징을 살펴보지 않고도 가부장제를 추상적으로는 이해할 수 있겠지만, 당신 말처럼 오늘날의 가부장제를 온전히 이해할 수는 없을 것이다. 그러나 역으로, 자본주의에 강요된 성별 분업과 심지어 성차별적 역할 분담을 이해하지 않고도 오늘날의 자본주의를 이해할 수 있을까? 그럴 수 없을 것이다.

또, 당신은 "노예제와 제국의 역사적 유산, 이주 노동과 분열·지배 전략에 의존해 온 자본주의 등을 고려하지 않은 채 인종 차별을 이해할 수 있을까?" 하고 물었다. 물론 그럴 수 없다는 데 동의한다. 그러나 자본주의에 강요된 인종별 분업과 심지어 인종 차별적 역할 분담을 이해하지 못하면 자본주의도 이해할 수 없다.

마르크스주의 개념들은 경제적 동학이 사회관계에 영향을 미치는 방식을 잘 볼 수 있게 해 준다. 그러나 가족적·문화적·정치적 동학이 경제를 포함한 사회관계에 영향을 미치는 방식을 잘 볼 수 있게 해 주지는 않는다.

당신은 다음과 같이 말했다. "우리가 …… 하나의 체제와 대결하고 있다는 깨달음의 확산이 현재 운동의 토대가 아닌가?" 맞다. 우리가 복잡하게 상호 연결된 하나의 체제, 그럼에도 특별히 중요한 부분들이 있는 체제와 대결하고 있다는 데 동의한다. 그러나 우리가 그 거대한 체제를 일부 급진적 페미니스트들처럼 가부장제라고 부른다면, 또는 일부 민족주의자들처럼 인종 차별주의라고 부른다면, 또는 일부 편협한 아나키스트들처럼 권력/정부라고 부른다면 — 그렇게 부른 사람은 "모든 형태의 억압"을 포괄하기 위해 그런 용어를 사용했다고 말하더라도 — 이후의 분석들은 그 용어와 직결된 사회적 동학을 과장하고 다른 사회적 동학을 무시하려 하지 않겠는가? 나는 체제 전체를 자본주의라는 경제적 개념으로 지칭하는 것이 그와 비슷하다고 생각한다.

당신 말처럼 이것이 경제결정론이며 이를 극복하기 위해서는 마르크스주의를 확대하고 발전시키기만 하면 되더라도, 내가 마르크스주의를 비판하는 주된 논지는 마르크스주의가 경제적으로 부적절하다는 것이다.

당신은 "선진 자본주의 경제들에서 노동력의 약 20퍼센트가 권한 부여 조건과 업무 등을 독점하고 그 덕분에 하위 80퍼센트보다 그들 자신의 상황을 훨씬 더 많이 통제하고 아랫사람들도 상당히 통제한다"는 것에 동의했다. 우리 둘 다 그 집단을 인정하지만, 당신은 "그런 사람들이 동질적인 하나의 계급이라고 생각하지 않는다. 오히려 그들은 자본과 노동의 특성, 심지어 어떤 경우에는 쁘띠부르주아지의 특성조차 갖고 있다는 점에서 서로 다른 사회계층이라고 생각한다"고 말했다.

(내가 조정자 계급이라고 부르는) 이 20퍼센트가 분명히 동질적 집단이 아니라는 데 동의하지만, 자본가들이나 노동자들도 동질적 집단은 아니다. 그 20퍼센트는 권한을 부여하는 조건과 업무를 독점하는 데서, 그리고 관련 지식과 기술에서 그들의 권력과 지위를 얻는다. 이것은 자본가들, 쁘띠부르주아지, 노동자들이 권력을 얻는 방식과 다르다. 따라서 조정자 계급이 다른 집단들의 특성이 혼합된 존재라는 말은 설득력이 없다.

그 20퍼센트를 계급이라고 봐야 하는 이유는 그 집단의 특징이 그들의 경제적 지위에서 비롯한 것이고 경제적 변혁 문제에서 그 집단이 결정적으로 중요하기 때문이다. 그들이 동질적이지 않다는 점은 별로 중요하지 않다. 어떤 의제가 자본을 크게 강화할 수도 있고 노동을 크게 강화할 수도 있는 것과 마찬가지로 이 조정자 계급을 크게 강화할 수도 있다. 그리고 나는 시장이나 중앙 집권적 계획을 추구하고 공적 소유나 국가 소유, 위계적 분업을 추구하는 것이 조정자 계급을 강화하는 의제라고 생각한다.

당신은 계급이 소유 관계의 차이에서만 비롯한다고 생각하는 듯하다. 내가 보기에 그런 계급 개념은 혼란스럽다. 내가 소유권을 중시하는 이유는 자기 이미지, 의식, 의제, 지배계급이 될 수 있는 잠재력이 서로 다른 집단들이 소유권 때문에 분열하는 경향이 있기 때문이다. 그러나 경제적 행위자의 20퍼센트에게 독자적인 자기 이미지, 조건, 지배계급이 될 수 있는 잠재력을 부여하는 또 다른 경계가 존재한다는 데 우리가 동의한다면, 그 집단을 단지 강조하는 데서 더 나아가 그들을 규정짓는 경제적 구조에도 주목해야 하지 않을까? 그들을 하나의 계급으로 규정하고, 계급은 경제적 구조 — 소유 관계와 분업 관계 둘 다 포함하는 — 에서 차지하는 위치에 따라 서로 구분된다고 말해야 하지 않을까?

노동과 자본 사이에 존재하는 그 20퍼센트를 계급이라고 말하는 이유는, 그렇게 해야 우리가 그 집단을 더 분명히 주목할 수 있고 자본주의 이후의 경제 형태가 두 가지라는 사실을 깨달을 수 있고 반자본주의적이면서도 친親노동계급적이지 않은 운동이 가능하다는 것을 알 수 있기 때문이다.

마지막으로, 당신은 영국의 지배계급이 국민의 약 1퍼센트라고 말하면서, "지배"[계급]이라는 말은 영국 최대의 기업들을 소유한 덕분에 엄청난 권력을 휘두르는 자본가들에게나 붙일 수 있다고 지적했다. 나는 보통 미국의 지배계급이 2퍼센트라고 주장하지만, 이점에서 우리는 둘 다 약간 분명하지 않은 점이 있다. 자본의 규모가 더 작거나 쥐꼬리만 한 자본을 소유하고 있지만 그래도 모종의 자본가인 사람들이 더 많다. 그러나 우리가 자본가 계급은 지배계급이라고 말하거나 더 나은 경제를 만들려면 그들의 지위를 박탈해야 한다고 말할 때마다 자세한 설명을 덧붙이지 않는 이유는 그 말의 참뜻이 사적 소유 자체를 제거해야 한다는 것이기 때문이다. 조정자 경제도 마찬가지다. 지배계급이 조정자 계급이긴 하지만, 일부 조정자들은 다른 조정자들보다 권한과 소득이 더 많다. 그러나 내가 말하고 싶은 것은 조정자 체제에서, 특히 스탈린주의 정치 구조가 없는 조정자 체제에서는 조정자 계급 성원들의 소득·지위·권한의 차이가 자본주의에서 대자본가와 소자본가의 차이보다 훨씬 더 작다는 것이다.

자본과 노동 사이에 존재하는 20퍼센트를 뭐라고 부르든 그들이 지배계급이 될 수 있다는 데 동의한다면, 더 나은 경제를 구상하는 문제에서도 동의할 수 있을 것이다. 우리의 경제적 비전은 그 집단과 더 평범한 노동자들의 차이를 제거해 그들이 평범한 노동자들을 지배하지 못하도록 생산·소비·할당 관계를 설정해야 한다. 내가 알기로 이 목표를 달성할 수 있는 방법은 위계적 분업을 균형 잡힌 직업군으로 대체하고 시장이나 중앙집권적 계획을 참여 계획 또는 당신이 선호하는 자율관리와 부합하는 수평적 계획으로 대체하는 것뿐이다. 우리가 이 점에 동의하고 따라서 조정자 계급의 지배가 아니라 계급 없는 사회를 지향하는 전략이 필요하다는 데도 동의한다면 우리의 논쟁은 성과가 있었다고 생각한다.

세 번째 논평

알렉스 캘리니코스(2003년 12월 22일)

친애하는 마이클,

1. 분배 정의 : 당신은 "1년에 3만 달러를 버는 사람과 40만 달러를 버는 사람이 있더라도 두 사람에게 고소득 직종을 구할 기회가 똑같이 보장되기만 한다면 좋은 사회"라는 주장을 무슨 근거로 반대할 수 있는지를 물었다. 그러나 내가 (잠정적으로) 지지하는 분배 정의 원칙은, 모든 사람은 자신이 가치 있다고 여기는 삶을 사는 데 필요한 자원을 평등하게 이용할 권리가 있다는 것이지 보상 수준이 다른 지위들을 차지하기 위한 경쟁 기회가 평등해야 한다는 것이 아니다. 그런 불평등한 보상이 내 원칙과 모순되지 않는다는 것을 보여 주기 위해서는 좀 더 자세한 설명이 필요할 듯하다.

다음과 같이 이야기할 수 있을 것이다. 내 원칙이 주요 비非물질 생산 자원의 사회적 소유를 요구한다 하더라도, 소득은 어떻게 분배돼야 하는가? 모든 사람의 직접 소득 — 사치까지는 아니어도 그런대로 괜찮은 생활을 보장하는 수준의 ─ 이 동일해야 한다는 데서 시작할 수 있다. 이것이 출발점이다. 그런 다음, 추가 소득이 필요한 불리한 조건이 어떤 것인지를 살펴본다. 장애인이나 한부모의 소득이 기본 소득보다 더 많아야 한다는 것은 합리적인 듯하다. 따라서 거듭 말하지만, 나는 일부 사람들이 다른 사람들보다 "더 많은 품목"을 얻게 된다는 이유만으로 모든 결과를 반대하는 것은 아니다. 마르크스가 ≪고타 강령 비판≫에서 주장했듯이, 사람들의 필요가 다르다는 것을 고려하면, 일부 사람들이 더 많이 얻지 못하게 되는 결과야말로 부당하다고 할 수 있을 것이다.

당신 말처럼 1년에 40만 달러를 원하는 사람은 어떤가? 그들이 어떻게 그런 요구를 정당화할 수 있을까? 십중팔구 뭔가 희귀한 기술을 갖고 있기 때문일 것이다. 그러나 그런 기술은 타고난 재능에서 비롯한 것 일 수도 있고(유전적 우연으로 얻은 장점 덕분에 특별한 보상을 받아서는 안 된다는 데 우리는 동의한다), 교육의 결과일 수도 있다(가족이나 사회에서 주로 받은 혜택인 교육이 또 다른 수혜의 근거가 돼서도 안 된다). 나는 사람들이 노력과 희생에 따른 보상이라는 당신의 규범에 호소할 수 있다고 생각하지만, 그렇다고 해서 당신이 예로 든 것처럼 커다란 소득 격차가 용인될 수 있을지는 의심스럽다(현대 사회에 만연한 훨씬 더 심각한 분배 불평등은 말할 것도 없다).

2. 설명 이론으로서의 마르크스주의 : 물론 오류가 입증되면
그 오류에서 벗어날 수 있다는 당신 말은 맞다. 그러나 마르크스
주의에 대한 당신의 이론적 비판은 여전히 설득력이 거의 없다고
생각한다. 마르크스주의가 모든 문제의 해답을 갖고 있기 때문이
아니다. 예컨대, 분배 정의에 대한 앞의 논쟁을 보자. 마르크스의
몇몇 재치 있는 언급들을 제외하면, 이 문제에서 주류 마르크스
주의는 별로 도움이 안 된다. 이 문제에 대한 우리의 인식을 크게
발전시킨 사람들은 존 롤스, 로널드 드워킨, 아마르티아 센 같은
평등주의적 자유주의자들이었다.

내가 마르크스주의를 아주 강력하게 옹호하는 것은 마르크스
주의의 설명 능력 때문인데, 나는 마르크스주의가 단연 탁월한
사회 이론이라고 생각한다. 당신은 다음과 같이 썼다. "경제나
계급을 강조하는 것과 똑같은 수준에서 섹슈얼리티 · 성 · 인종 ·
권력도 강조하는 마르크스주의 개념들도 있다는 것을 당신이 보
여 주었다면 좋았겠다는 아쉬움이 남는다." 더 나아가 당신은 가
부장제 · 인종차별 · 권위주의 · 자본주의를 상호작용하는 "네 가
지 체제"라고 말하기까지 했다. 내가 보기에 이것은 이론이 아니
다. 오늘날 인류에게 해악을 미치는 중요한 사회적 병폐 몇 가지
를 나열한 것에 가깝다. 그런 병폐가 단지 그것뿐이겠는가? 당신
의 목록에는 예컨대, 국적 · 민족 · 종교를 바탕으로 한 지배가 포
함되지 않았다.

그 목록이 완성되더라도, 그것은 이론이라 할 수 없고 사회적 불의를 더 잘 묘사한 것일 뿐이다. 모름지기 설명이라면 당신이 극구 반대하는 것을 해야 한다. 즉, 문제의 현실을 일으키는 더 근본적인 특징과 그렇지 않은 특징을 구분해야 한다. 더 구체적으로 말하자면, 마르크스주의는 자체의 주요 개념들 — 특히, 생산력과 생산관계 등 — 이 경제적·정치적 불평등, 정치적 지배, 성·인종·성적 지향·국적·민족 등을 바탕으로 하는 억압 현상을 비롯해 인간 사회의 동학을 이해하는 데 꼭 필요한 출발점이라고 주장한다.

이렇게 설명 요인의 우선순위를 주장한다고 해서, 설득력이 떨어지는 환원론적 결정론을 뜻하는 것은 아니다. 물리학에서 유명한 떠오름(창발) 현상이라는 게 있는데, 현실을 설명해 주는 더 심층적이고 근본적인 요인들이 있는 것은 사실이지만, 그런 요인들이 결합되면 새롭고 독창적인 특징이나 행동 양식이 나타난다는 것이다. 이것은 예컨대, 인간적인 것과 생물학적인 것의 관계나 생물학적인 것과 물리·화학적인 것의 관계를 이해하는 최상의 사고방식처럼 보인다. 마르크스주의자는 사회에 다양한 결정 요인들이 존재한다는 사실을 부인하지 않는다. 다만 사회를 설명하려면 생산력과 생산관계에서 시작하는 결정 요인들을 일정한 순서에 따라 배치해야 한다고 주장하는 것이다.

그런 연구 방법이 사실상 환원론인가 아니면 단지 형편없는(다시 말해, 결국 경험적으로 논박당할) 이론인가 하는 것은 선험적인 문제가 아니다. 당신은 흔히 마르크스주의의 약점으로 거론되는 비非경제적 문제들을 나열했지만, 놀랍게도 아주 많은 주요 문화 이론가들 — 프레드릭 제임슨, 테리 이글턴, T J 클라크, 슬라보예 지젝 — 이 마르크스주의자들이다. 예컨대, 포스트모더니즘 문화를 다룬 제임슨의 글을 읽다 보면 마르크스주의자들이 상부구조를 깊이 천착하는 데 아무 문제도 없다는 것을 알 수 있다. 데이비드 하비는 자신이 "역사적-지리적 유물론"이라고 부른 틀로 자본주의 문화 형식을 탁월하게 분석한 글을 쓰기도 했다. 당신이 하비와 그의 저작에 익숙하지 않은 듯했을 때 당신과 나눈 대화가 생각난다. 아마 당신은 마르크스주의를 비난하기 전에 최상의 현대 마르크스주의 저작들을 조금 더 접할 필요가 있는 것 같다.

당신이 마르크스주의를 이론적으로 거부하는 데는 정치적 동기가 있다고 생각한다. 경제 환원론을 비판하면서 당신은 이런 예를 들었다. "그 때문에 마르크스주의 혁명들에서는 동성애 혐오, 가부장제, 사회주의 리얼리즘, 획일적 공동체, 정치적 독재가 되풀이됐다." 그러나 나는 "마르크스주의 혁명들"이라고 할 만한 고유한 혁명이 따로 있다고 생각하지 않는다. 1917년 10월 러시아에서는 사회주의 혁명이 잠시 성공했지만 그 뒤 부패하고 파괴됐다(그 이유는 우리의 토론 쟁점이다). 당신이 나열한 불쾌한 특징들(그런 특징은 소비에트 공화국 초기에는 존재하지 않았다. 예

컨대, 여성과 동성애자를 해방시킨 법률, 문화적 실험의 열기 등을
보라. 그런 정책은 모두 스탈린 치하에서 뒤집히고 짓밟혔다)이 실
제로 나타난 다른 '사회주의' 혁명들은 러시아 혁명의 폐허에서
등장한 스탈린주의 괴물의 복제품이었다. 그래서 내가 스탈린주
의 문제(스탈린 개인이 아니라 사회 체제)를 끄집어낸 것이다. 사
회주의를 자처하지만 실제로는 그 정반대였던 체제와 진정한 사
회주의 전통을 구분하려면 스탈린주의에 대한 올바른 이해가 필
수적이다.

3. 계급과 조정자들 : 여기서 우리의 차이는 한편으로는 용어
상의 차이이고 다른 한편으로는 본질적 차이라고 생각한다. 본
질적 차이는 계급을 개념화하는 방식의 차이다. 당신은 계급 적
대를 "소유 관계의 차이"와 관련시키는 것에 거부감을 갖고 있
다. 그 이유 중 하나는 당신이 소유를 법률적 의미의 사적 소유
로 이해하기 때문인 듯하다. 법률적 의미의 소유가 계급 권력의
유일한 원천이 아니라는 것은 분명하다. 옛 소련을 보라. 그러나
마르크스주의자들은 경제적 소유를 소유 증서가 아니라 실질적
점유로 이해한다. 이 점은 20세기에 자본주의가 보편적으로 의
존하게 된 관료적 구조와 경영 구조를 이해하는 데서 결정적으
로 중요하다.

당신은 그런 구조의 발전에서 이득을 얻은 "조정자 계급"이
"권한을 부여하는 조건과 업무를 독점하는 데서, 그리고 관련 지

식과 기술에서 그들의 권력과 지위를 얻는다"고 말했다. 상층 중간계급 사람들이 그런 독점을 재생산하기 위한 전략을 추구한다는 것은 사실이다(이 점은 부르디외가 아주 잘 서술했다). 그러나 그렇다고 해서 그들이 자본이나 노동과 대등한 계급이 된다고는 생각하지 않는다.

그 이유 중 하나는 "조정자들"이 경제 권력 구조에서 차지하는 지위가 노동자들이나 자본가들보다 더 이질적이기 때문이다. 분명히 후자의 두 계급은 내부적으로 차이가 크지만, 노동자들은 모두 노동력을 판매하는 반면 자본가들은 노동력 착취에서 (직간접으로) 이윤을 얻으려고 투자한다. 그러나 거듭 말하건대, 일부 조정자들(예컨대, 경영자들)은 노동을 통제하지만 다른 조정자들(예컨대, 대다수 학자들)은 노동을 통제하지 않는다. 더 근본적으로는, 경영자들의 처지에서 봤을 때, 그들과 비슷한 기술을 가진 사람들이 필요한 이유는 대량 생산 상황에서 핵심 자본가들은 관리·감독 권한을 믿을 만한 직원들에게 맡겨야 하기 때문이다. 이런 의미에서 경영자들의 경제적 권력은 더 근본적인 생산관계에서 비롯한 것이다.

용어상의 차이라는 의미는 우리가 중간 계층 스스로 지배계급이 될 수 있는 조건들이 존재한다는 데는 동의한다는 것이다. 그래서 나는 "반자본주의적이면서도 친親노동계급적이지 않은 운동이 가능하다"는 말에도 동의한다. 물론 내가 선호하는 표현은

완전히 반자본주의적인 운동은 사적 소유와 시장에 반대할 뿐 아
니라 그런 제도가 뒷받침하는 착취 체제 자체에서 노동을 해방시
키는 것에 찬성해야 한다는 것이지만 말이다.

마치는 글

마이클 앨버트(2003년 12월 25일)

알렉스,

분명히 우리에게는 공통점이 많다.

둘 다 자본주의에 반대하고 현재의 억압에 맞서 정의와 평등을 추구한다. 노동자 평의회와 소비자 평의회를 옹호한다. 시장에 반대하고 위계적 계획도 반대한다. 운동이 현재 활동에서도 대안적 목표를 제시해야 한다고 생각한다.

우리는 또, 자본주의 이후에 단지 바람직한 경제만 존재하는 것이 아니라 우리가 거부해야 하는 경제 체제도 존재할 수 있다는 데 동의한다. 다만, 나는 경제적 조정자 계급을 지배계급으로 끌어올리는 체제들을 거부해야 한다고 생각하는 반면, 당신은 이 똑같은 집단을 스탈린주의와 관련된 정치적 산물로 본다는 점이 우리의 차이다.

우리는 둘 다 권위주의적 정치 구조를 반대한다. 또, 내가 조정자 계급이라고 부르고 당신이 관료 집단이라고 보는 중간 집단을 만들어 내고 끌어올리는 경제 구조에도 반대한다. 그래서 시장이나 중앙집권적 계획을 새로운 할당 체제로 교체해야 — 이 점에 대해서 우리는 동의한다 — 할 뿐 아니라 현재의 분업을 균형 잡힌 직업군으로 교체해야 — 이 점에 대해서도 우리는 동의하거나 어쨌든 견해 차이를 좁히고 있다 — 한다고 생각한다.

우리는 둘 다 노동자들과 소비자들이 수평적 방식으로 서로 협력하면서 의식적으로 할당을 실행해야 한다고 생각한다. 나는 이런 자율관리를 위해 참여 계획을 제안했다. 당신은 그런 가치에 동의하고 참여 계획의 장점에도 동의한다. 그러나 수정이 필요할 수 있다는 것이 당신의 생각이다.

보상에 대해서 우리는 견해가 다르다. 당신은 모든 보상을 포괄하는 단일한 가치를 제시하는 것이 중요하다고 생각한다. 나는 노동할 수 있는 사람들은 노력과 희생에 따라 보상받고 노동할 수 없는 사람들은 그들의 필요에 따라 보상받아야 한다고 말하기를 좋아한다. 당신이 주장한 단일한 가치와 내가 옹호한 보상 규범이 어떻게 다른지 나는 잘 모르겠다.

이 모든 것은 우호적인 공통점이다. 그러나 당신은 트로츠키주의 정당인 영국 사회주의노동자당SWP 소속이고 마르크스-레닌주의 전통을 따르고 있다. 반면에, 나는 그런 정당이나 전통을 강력하게 거부하고, 마르크스주의에 대해서도 꽤나 비판적이다.

어떻게 그럴 수 있는지 궁금해하는 독자도 당연히 있을 것이다. 반대하는 것은 일치단결해서 반대하고, 옹호하는 경제적 가치들은 거의 차이가 없고, 괜찮아 보이는 경제적 목표들에 대해서는 서로 동의하면서도, [정치적] 신조는 어떻게 그렇게 사뭇 다를 수 있는가?

나에게는 아마 다음과 같이 이렇게 물을 것이다. "앨버트, 당신은 마르크스-레닌주의가 낳은 결과를 강력하게 반대하는 사람인데 어떻게 여기서는 마르크스-레닌주의의 유산과 긴밀한 관련이 있는 사람과 우호적으로 토론할 수 있는가?"

언뜻 자기모순처럼 보이는 이 광경이 올바르고, 가능하며, 이상하지도 않은 이유를 설명하면서 글을 마치려 한다.

칼 마르크스의 대중 강연회에 참석했다고 상상해 보자. 그는 자본가들이 노동자들을 착취하고 인간성을 희생시켜 부를 쌓는다며 욕을 퍼붓는다. 소유 때문에 자본가들이 자기의식, 노동자관勞動者觀, 이해관계 — 심지어 그들 자신의 본성에도 어긋나는 가증스런 행동조차 서슴지 않게 만드는 — 를 갖게 된다고 설명한다. 마르크스는 그것이 자본가들의 경제적 지위에서 비롯하는 체제의 현상이며 그들이 경제적 목표를 집단적으로 추구하는 계급의 일원임을 분명히 보여 준다고 말한다.

강연을 끝낸 마르크스가 밖으로 나간다. 따라 나가 보니, 놀랍게도 그는 근처 식당에서 자신의 친구이자 평생 협력자인 프리드리히 엥겔스와 대화를 나누며 식사 중이다. 맞다, 마르크스와 함께 있는 사람은 공장을 소유한 프리드리히 엥겔스다. 어떻게 그럴 수 있는가? 왜 마르크스는 이 자본 소유자의 얼굴에 침을 뱉지 않는가? 다시 말해, 이 기업주가 착취를 부인한다는 사실은 유산 계급에 대한 마르크스의 주장과 모순되지 않는가?

그렇게 친근한 대화가 모순 없이 가능한 이유는, 마르크스의 계급 분석론이 특정 지위의 사람은 모두 특정 견해를 가질 수밖에 없다는 것은 아니기 때문이다. 오히려 계급 성원들은 그들의 지위 때문에 일반적으로 특정 행동과 견해를 나타내는 경향이 있다는 것, 그런 행동이나 견해가 서로 충돌하고 다툴 때 대개 경제적 공통점 때문에 계급의 일반적 행동을 대체로 예측할 수 있다는 것이다. 엥겔스가 자기 계급의 평균에서 동떨어진 것은 사실이지만, 그것이 자본가 계급에 대한 반자본주의적 주장과 배치되는 것은 결코 아니다.

마르크스주의에 대한 내 견해로 돌아가자면, 나는 마르크스주의가 사회와 역사의 특징들을 이해하는 방식에 대한 개념들, 개념들의 상호관계, 그리고 주장들의 배열이라고 생각한다. 나는 마르크스주의 개념에 장점이 많다고 생각하지만 가장 중요한 두 가지 결함도 있기 때문에 우리가 마르크스주의의 틀을 뛰어넘어야 한다고 생각한다(모든 지적 틀이 언젠가는 극복되듯이 말이다).

마르크스주의자조차 지적할 수 있는 첫 번째 결함은 계급이나 계급과 연관된 경제 분야에 지나치게 주목하고 인종 · 성 · 섹슈얼리티·정치적 지위나 사회생활의 가족적·문화적·정치적 분야에 별로 주목하지 않는다는 것이다. 마르크스주의 개념을 사용하는 집단들은 경제가 다른 생활 분야에 미치는 영향을 강조하고 다른 분야들이 경제에 미치는 영향은 대체로 간과한다. 그들은 계급이 억압과 해방의 중요한 주체가 될 수 있음을 강조하고 성별 집단, 인종, 종교·민족·문화 집단, 정치적 결집체가 억압과 해방의 중요한 주체가 될 수 있음은 간과할 것이다.

중요한 점은, 특정 마르크스주의자 개인은 이 모든 점에서 더 나을 수도 있고 못할 수도 있다는 것이다. 그것은 그 개인이 협소한 경제적 개념과 계급 개념을 얼마나 기계적으로 고수하는가 하는 것에도 달려 있지만, 관계들을 고려하고 의제들을 발전시키는 등의 일을 할 때 다른 관점에 얼마나 익숙하고 그런 관점을 잘 이용하는가 하는 것에도 달려 있다. 그러나 그런 편차가 있지만, 우리가 사는 사회가 계급 차별뿐 아니라 인종 차별·여성 차별·동성애 혐오·권위주의도 조장한다는 점을 고려하면, 그리고 어려운 일상적 실천과 정치적 투쟁이 긴급하다는 점을 고려하면, 특히 집단적 단결의 압력과 장점을 고려하면, 대체로 마르크스주의자 집단은 사회생활의 비非경제적 차원을 다루는 데 이해와 열의가 비교적 부족할 것이라는 게 내 주장의 요지다. 특히 비경제적 차원을 다루는 것이 계급과 경제에 대한 그들 공통의 견해와 충돌하는 것처럼 보일 때는 더욱 그럴 것이다.

오해하지 말기 바란다. 마르크스주의자들이 인종 차별주의자, 성차별주의자, 권위주의자라는 말은 아니다. 내 말은, 해로운 결과를 초래할 가능성이 큰 ─ 역사적 경험은 실제로 그럴 가능성이 압도적으로 크다는 것을 보여 준다 ─ 개념적 편향이 존재하며, 대개 상황이 그런 편향을 악화시킨다는 것이다. 많은 요인이 서로 충돌하고 다툴 때 공통의 경제적 개념이 더 미묘한 통찰을 압도하는 경향이 있다.

마르크스주의자들이 다른 관점에서 나온 통찰을 수용하는 것이 해결책이라고 주장할 사람도 있을 것이다(여러 해 전에 내가 시도한 것처럼 말이다). 그리고 마르크스주의자들이 이를 받아들일 준비가 돼 있는 한 그것은 좋은 일이다. 그러나 다음과 같은 문제가 있다. 많은 마르크스주의자들, 특히 집단적 정체성을 획득하고 유지하기 위해 열심히 노력하는 집단의 마르크스주의자들은 그런 혁신이 계급과 경제의 우위에 관한 중요한 원칙을 위반하는 것이며, 설사 그런 혁신이 이뤄지더라도 사태의 압력을 받으면 폐기될 것이라고 생각한다.

따라서 나는 마르크스주의가 소중히 여기는 것을 보존하면서도 새롭게 필요해진 성적·문화적·정치적 개념을 경제적 개념과 농일한 우선순위로 추가하는 새로운 개념적 틀을 채택하는 것이 훨씬 더 나은 해결책이라고 생각한다(그리고 나는 다른 곳에서 그런 시도를 한 적 있다).

물론 그것은 중요한 차이를 보여 주는 한 가지 쟁점이지만 가장 큰 쟁점은 아니다. 왜냐하면 마르크스주의자들과 마르크스-레닌주의자들도 그 문제를 다루려 하고 어느 정도는 성공하고 있기 때문이다. 마치 많은 페미니스트가 가족과 성을 지나치게 강조해 다른 중요한 요인들을 흐리는 것을 피하려 하고 어느 정도는 그렇게 하는 데 성공하는 것처럼 말이다.

오히려 나와 마르크스-레닌주의의 가장 큰 차이는 내가 마르크스주의의 경제 개념과 레닌주의의 실천 전략과 비전을 거부한다는 것이다.

내가 보기에 마르크스주의 의식은 대체로 실제 투쟁에서 이른바 조정자 계급의 의제와 가능성에 충분히 주목하지 않고 심지어 조정자 계급을 지배계급으로 끌어올리는 경제를 옹호하기까지 한다. 그리고 레닌주의 전략은 대체로 실제 투쟁에서 권위주의와 조정자주의에 대한 집단적 충성을 조장한다.

그런데 어떤 마르크스주의자나 레닌주의자가 "나는 당신이 생각하는 그런 마르크스주의자가 아니오" 하고 말하거나 ― 또는 "당신이 말한 단점이 없는 마르크스주의자도 있소" 하고 말하거나 ― "그런 단점이 없는 레닌주의자도 있소" 하고 말하더라도, 그것은 사실상 내 비판에 아무 영향도 미치지 못한다. 어떤 사회학자가 "엥겔스도 자본을 소유했고, 어떤 백만장자는 인간미가 넘치는 책을 저술했다"고 말하더라도, 그것이 사적 소유의 일반적 함의에 대한 마르크스주의의 비판에 아무 영향을 미치지 않는 것과 마찬가지다.

십중팔구 내 주장의 단점을 핑계로 마르크스주의자들과 레닌주의자들은 내 비판의 진의를 귀담아 듣지 않을 것이다. 그들은 쉽게 일축할 수 있는 주장, 즉 마르크스주의자나 레닌주의자를 자처하는 사람은 모두 생각이 비슷비슷하다는 주장은 귀담아 듣는다. 그러나 더 미묘한 주장, 즉 마르크스주의자를 자처하는 사람들, 특히 마르크스-레닌주의 정당에서 활동하는 사람들은 수많은 차이점도 있지만 공통점이 압도적으로 많기 십상이고, 충돌과 다툼이 광범한 공통점 속에서 해소될 때도 그 결과는 압도적으로 경제결정론·권위주의·종파주의, 특히 조정자에게 이로운 전략과 비전으로 귀결된다는 주장은 귀담아 듣지 않는다.

이렇게 주장하는 근거는 무엇인가?

글쎄, 내가 마르크스주의 개념과 레닌주의 전략을 설명하면서 이런저런 예측을 하는데, 권력을 장악한 적 있거나 상당히 큰 마르크스-레닌주의 정당의 실천이 그런 예측을 확인시켜 주고 진지한 마르크스-레닌주의의 자본주의 이후 경제 모델도 그런 예측을 확인시켜 준다는 것이 그 근거다. 얼마나 더 많은 근거가 필요한지 모르겠다. 물론 그런 근거를 이렇게 저렇게 반박하는 사람들도 있을 것이다. 그들은 1980년대의 동독은 아무 문제가 없었다고 주장할 수도 있고, 스탈린 치하 소련이나 적어도 스탈린 집권 전의 소련은 아무 문제가 없었다고 주장할 수도 있으며, 권력 장악 전의 볼셰비키만이 아무 문제가 없었다고 주장할 수 있고 …… 초기의 마오쩌둥은 아무 문제가 없었다고 주장할 수도 있다. 그러나 그런 주장의 설득력이 매우 빈약하다는 점은 제쳐 두더라도, 그것이 과연 구체적 항변이 될 수 있을까?

그렇다면 마르크스주의자들과 레닌주의자들은 상황을 바로잡기 위해 무엇을 해야 하는가? [마르크스주의의] 역사적 방법론이 불충분하고 흠이 있음을 인정해야 하고(그런 방법론이 아주 빈번하게 실천적 혼란을 낳았음을 고려하면, 그리고 그 방법론이 아주 오래됐다는 것과 이제 우리도 십중팔구 충분히 현명해졌음을 고려하면, 그건 인정할 일이 아니겠는가?), 사회생활의 다른 분야들도 경제만큼 중요하다는 데 동의함으로써 그 방법론을 개선하려 해야 하며(이런 말과 이런 인식을 바탕으로 한 행동에서 그토록 큰 상처를 받는 이유를 모르겠다), 무엇보다 소유 관계를 포함하면서도 소유 관계에 국한되지 않는 경제적 관계가 계급을 구분하는 기준이라는 사실(대다수 마르크스주의자들과 마르크스-레닌주의자들이 이런 주장을 기꺼이 인정하거나 이런 주장을 바탕으로 행동하는 것은 고사하고 귀담아 듣는 것조차 힘들어하는 이유를 모르겠다)을 깨달아야 한다.

그리고 이 지점에서 나는 내 친구들조차 화나게 만든다. 마르크스-레닌주의자들이 그렇게 하기가 힘든 이유는 합리적이거나 도덕적인 것이라기보다는 신앙에 가까운 정신 구조, 개인적 정체성, 집단적 헌신성과 관련 있는 듯하다. 우리가 마르크스주의 방법론의 문제 있는 개념들을 사용하지 않고서, 레닌주의에서 강조하는 역사적 행위자들을 거론하지 않고서 정치와 이견을 논할 때는 화기애애하게 이야기하다가도 마르크스-레닌주의에 뭔가 문제가 있음을 암시하는 말이 나오는 순간 대화에 장벽이 생기고 무뚝뚝하게 부인하고 공격적으로 방어하는 자세가 나타나는 이유를 달리 명쾌하게 설명할 수는 없을 듯하다.

내가 이런 주장을 하면 사람들은 흔히 극단적으로 반응하는데, 그런 반응은 유별난 것이 아니다. 사실, 우리는 모두 때때로 그런 식으로 행동한다. 그것은 자기 이미지나 집단적 충성심을 잃을까 봐 불안해하면서 자신을 방어할 때 으레 나타나는 태도이고 …… 모든 사람은 자신의 문제나 행위나 관계나 견해가 도전받을 때 그런 반응을 보이기 쉽다. 문제는 그런 반응이 특히 해로울 때는 틀린 신념, 그래서 우리 자신과 다른 사람들에게도 해로운 신념을 옹호할 때라는 것이다. 특히 그런 일이 집단적으로 일어나면서, 각자가 다른 사람들의 확고한 태도를 부추길 뿐 아니라 더 강화할 때, 그래서 전반적 영향이 훨씬 더 증폭될 때 그런 반응은 더욱 해롭다.

어쨌든 알렉스, 뭐라고 해야 할까, 우리는 공통점이 많다. 우리가 저녁을 먹으면서나 우호적인 온라인 토론에서, 심지어 어떤 투쟁 상황에서 팔짱끼고 함께 행진하며 신중하게 대화를 나눈다면 즐겁게 이야기할 수 있을 것 같은 느낌이 든다. 그러면서도 단어 몇 개만 바꾸거나 특정 역사 시기를 거론했다가 대화가 완전히 파탄 나지 않을까 걱정되기도 한다. 당신도 나와 비슷한 생각을 했을 것 같다.

이것은 풀기 힘든 수수께끼인가 아니면 좌파를 역사적 곤경에 빠뜨린 핵심 요인인가? 우리가 이 문제를 이해하는 데 또는 다른 누군가가 그렇게 하는 데 이 논쟁이 얼마나 도움이 됐을지 모르겠지만 모쪼록 그랬기를 바란다.

어쨌든, 나에게는 매우 재미있고 유익한 논쟁이었다.

휴가 잘 보내고, 뭄바이에서 만나자!

혁명적 사회주의를 위한 주장

The Case for

Revolutionary Socialism

혁명적 사회주의를 위한 주장

알렉스 캘리니코스(2003년 12월 7일)

언론에서는 반자본주의 운동이 그저 반대만 한다고 떠들어 댄다. 즉, 덮어놓고 반대하기만 할 뿐 대안이 없다는 것이다. 그러나 신자유주의, 기업 주도 세계화, 제국주의 전쟁에 반대한다는 것 자체가 이미 꽤 많은 것을 지향하고 있다. 이것은 세계사회포럼WSF의 구호, "다른 세계가 가능하다"에 반영돼 있다. 다시 말해, 우리는 시장이 지배하지 않는 세계에서 살 수 있다는 것이다. 프랑스에서 반자본주의 운동은 대안세계화 운동, 즉 다른 세계를 원하는 운동으로 알려져 있다. 그러나 이 다른 세계의 본질은 무엇이며, 그 세계에 도달할 수 있는 방법은 무엇인지에 대한 답은 사실 모호하다. 왜냐하면 신자유주의의 대안에 대한 생각이 서로 다르기 때문이거나, 많은 사람들이 단지 확신이 없기 때문이거나, 너무 분명한 대답은 분열을 초래할 것이라고들 생각하기 때문이다.

이런 모호함과 차이는 반자본주의 운동처럼 다양한 운동에서는 불가피하다. 그리고 어찌 보면 별 문제도 아니다. 운동의 생명력을 소진시키거나 운동을 분열시켜야만 견해를 통일시킬 수 있다면, 그런 견해 통일을 위해 애쓰는 것은 어리석고 바람직하지 않은 일일 것이다. 그렇다고 해서 대안과 전략을 더 분명히 하려는 논쟁이 불필요하다거나 비생산적이라는 말은 아니다.

우리는 무엇을 원하는가?

그런 논쟁을 제대로 하는 한 가지 방법은 우리의 가치가 무엇인지 묻는 것이다. 우리의 목표가 서로 다르거나 분명하지 않더라도 우리의 말과 행동을 보면 무엇을 가치 있다고 여기는지 알 수 있다. 이런 가치들을 근거로 신자유주의의 대안들을 평가할 수 있다.

내가 보기에, 다른 세계를 추구하는 운동이 지향하는 가치는 크게 네 가지다. 정의·효율성·민주주의·지속가능성. 이 문제를 자세히 논하기 전에 먼저 강조하고 싶은 것이 있다. 내가 선정한 가치들에 대해서는 논쟁의 여지가 있다(예컨대, 마이클 앨버트가 옹호하는 자율관리 사회의 주요 가치들은 내가 제시한 것과 다르다). 내가 제시한 가치들은 운동에 참가하는 활동가들과 지식인들의 말과 행동에서 끌어낸 것이지만, 내 해석이 합리적인 것이라고 생각한다.

1. 정의 : 반자본주의 운동의 호칭 가운데 하나는 세계 정의 운동이다. 우리는 현재 세계의 불의不義와 엄청난 불평등을 끊임없이 ― 그리고 올바르게도 ― 비난한다. 그러나 정의란 무엇인가? 이것 자체가 방대한 주제이긴 하지만, 내가 보기에 반자본주의 운동은 평등주의적 정의 개념에 헌신하는 듯하다. 이것이 뜻하는 바는, 예컨대 모든 사람은 자신이 가치 있다고 여기는 삶을 사는 데 필요한 자원을 평등하게 이용할 권리가 있다는 것이다.

2. 효율성 : 이것은 의외로 전문관료적 가치처럼 보일 수 있지만, 신자유주의적 자본주의를 낭비적 체제라고 비판하는 우리의 주장을 떠올려 보라. 포장·광고 따위에 자원이 낭비되고, 시장가격이 경제 과정의 진정한 비용(예컨대, 환경 파괴)을 제대로 반영하지 못하는 것 등을 말이다. 그 함의는 모름지기 대안 사회는 가용 자원을 가장 잘 활용해야 한다는 것이다. 여기서 "가장 잘"의 의미는 (지금처럼) "가장 수익성 있는"의 뜻이 아니라 사람들의 협력적 공생 필요성과 자연이 강요한 제약조건들과 우리의 가치들을 모두 반영해야 한다는 것이다.

3. 민주주의 : 우리는 현대 자본주의에 민주주의가 없다고 비판한다. 또, 금융시장과 다국적기업들이 전 세계 대다수 사람들의 삶을 지배하며 횡포를 부린다고 비판한다. 더욱이, 우리의 조직 방식은 우리가 추구하는 민주주의를 반영하려고 노력한다. 대의민주주의 대 직접민주주의, 합의제 원칙 대 다수결 원칙 등 민

주주의에 대한 논쟁이 활발하다. 그러나 우리는 민주주의의 범위와 내용을 급진적으로 확장해야 한다는 데 동의한다.

4. 지속가능성 : 반자본주의 운동을 촉발한 주요 동기 중 하나가 환경 재앙에 대한 두려움이다. 환경 재앙은 현재 경제 체제의 흐름일 뿐 아니라 이미 나타나고 있는 현상이다. 기후 변화 전문가들의 주장을 보면, 온실가스 방출에서 비롯된 지구의 기온 상승에 지금 당장 급진적 변화가 일어나지 않고 이 추세가 그대로 계속되면 끔찍한 결과가 지구를 엄습해 그 효과가 수십 년 동안 지속할 가능성이 높다. 지속가능한 발전을 위해서는 생산과 소비, 정주와 운송의 패턴을 근본적으로 바꿔야 한다.

자본주의를 넘어서

이런 가치들을 실현하려면 신자유주의뿐 아니라 자본주의 체제 자체에 도전해야 한다. 마르크스주의자인 나는 자본주의의 근본적 특징이 두 가지라고 생각한다.

1. 자본주의는 임금노동의 착취를 바탕으로 하고 있다. 즉, 사람들이 독자적으로 생계를 꾸리는 데 필요한 자원을 박탈해서 그들이 자본가에게 착취당하며 노동하는 것 말고는 대안이 없게 만든다.

2. 자본주의의 원동력은 통제 불능의 경쟁적 축적 과정이다. 서로 경쟁하는 기업들이 생산적 자원을 대부분 지배하면서 시장 점유율 증대와 이윤 증대를 노리고 투자한다.

이런 특징은 반反세계화 비판의 초점 구실을 해 온 일부 현상들, 예컨대 금융 투기보다 더 뿌리가 깊다. 신자유주의는 20세기 중반에 자본주의를 규제하려는 노력이 강요한 제약조건들을 많이 제거했다. 우리는 지금 상대적으로 '순수한' 형태의 자본주의에서 살고 있다.

자본주의의 본질을 생각하면, 어떤 형태의 자본주의도 앞서 말한 가치들과 양립하기가 어렵다. 자본주의적 착취가 부당하다는 것만이 문제가 아니다. 현 체제는 개인들이 전혀 통제할 수 없는 시장의 변동에 따라 삶의 기회가 급속하게 좋아지거나 나빠질 수 있는 일종의 로또 복권 같은 체제다. 자본주의는 낭비적인 체제다. 앞서 지적했듯이, 가격 체계는 진정한 비용을 반영하지 않는다. 경제 위기는 인적·물적 자원을 엄청나게 낭비한다. 체제의 필요라는 기준으로만 보면 세계에는 수십억 명의 잉여 인간이 있고, 따라서 그들은 가장 비참한 빈곤층으로 전락한다.

자본주의가 비非민주적일 수밖에 없는 이유는 경제적 결정권이 소수의 기업 경영자에게 집중돼 있기 때문이다. 그들은 자신이 고용한 직원들이나 더 광범한 대중에게 책임을 지지 않는다. 마지막으로, 경쟁적 축적의 논리 자체가 지속가능한 발전과 모순

된다. 왜냐하면 기업과 시장이 환경에 미치는 영향을 고려하지 않고 수익성에 따라 자원을 배분하는 통제 불능의 과정이 바로 체제의 원동력이기 때문이다.

더 규제된 형태의 자본주의로 복귀하려는 노력이 이런 결함들을 치유할 수 있다고 보기도 어렵다. 많은 활동가들과 지식인들은 기껏해야 인간의 얼굴을 한 자본주의를 원한다. 이것은 예컨대 국제 금융거래에 토빈세를 부과하려는 운동의 주된 목표다. 토빈세의 창안자 제임스 토빈은 그런 세금으로 금융 투기를 완화하고, 그래서 국민국가에 경제 권력을 돌려주면 제2차세계대전 이후의 케인스주의 시절로 돌아갈 수 있을 것이라고 생각했다. 그런 논리는 반세계화 운동의 초기에 그 운동의 특징과 딱 맞았다. 당시는 1990년대 주류 담론의 핵심 사상, 즉 세계화로 국가의 힘이 약해졌다는 생각이 득세하고 있었다. 신자유주의 지지자들은 이런 상황 전개를 환영한 반면, 활동가들과 지식인들은 국민국가의 힘을 재건해야 한다고 주장했다. 이것은 운동이 반세계화 운동이라는 이름을 얻게 된 한 이유였다.

9·11 이후 지금은 국가를 문제의 일부가 아니라 해결책의 일부라고 보기가 훨씬 더 어려워졌다. "테러와의 전쟁"을 보며 우리는 자본주의가 제국주의이기도 하다는 것, 자본주의는 경제학뿐 아니라 지정학도, 기업 간의 경쟁뿐 아니라 국가 간의 경쟁도 포함하고 있다는 것을 떠올렸다. 반자본주의 운동의 일부 지

도자들(예컨대, 베르나르 카상과 조지 몽비오)은 이라크 전쟁이 벌어지자 유럽연합을 강화해 미국의 "하이퍼 파워"에 맞설 대항 세력으로 만들어야 한다는 생각을 지지했다. 그러나 미국과 경쟁할 슈퍼파워의 등장은 새로운 군비경쟁을 초래할 수 있고 과거 냉전에서 드러난 자원 낭비와 인간 생존에 대한 위협을 되풀이할 수 있다.

자본주의를 더 규제하는 것이 해결책이 아니라고 해서 국가("자국"이든 EU 같은 블록이든)에 요구하지 말아야 한다는 말은 아니다. 공공 서비스가 공격받을 때는 방어해야 한다. 더욱이, 우리는 국가에 압력을 넣어 현재 국가가 제공하는 서비스를 확장·개선하도록 만들어야 하고 부자에게서 빈민에게로 부와 소득을 재분배하는 누진세 제도를 통해 공공 서비스에 필요한 자금을 조달하도록 만들어야 한다. 그러나 현 체제의 개혁을 위해 투쟁하는 것은 옳지만, 앞서 말한 가치들(과 인류와 지구 자체)이 자본주의와 안전하게 공존할 수는 없다. 경쟁적 축적의 논리가 뜻하는 것은, 개혁 운동이 자본주의에 강요한 규제가 수익성 요구와 충돌할 때 그런 규제는 항상 내팽개쳐진다는 것이다. 그것은 과거 4반세기 동안 케인스주의 복지국가[사회보장제도]의 점진적 해체에서 드러난 교훈이다.

이 모든 것이 함축하는 바는, 우리가 대안적인 사회적 논리, 시장이 아닌 자본주의의 대안을 발전시켜야 한다는 것이다. "시장이 아닌"이라고 말할 때, 개인들 간의 경제적 거래를 모두 금치해야 한다는 주장을 옹호하는 것은 아니다. 내가 거부하는 시장은 두 명의 위대한 칼, 즉 칼 마르크스와 칼 폴라니가 말한 시장 경제다. 그 경제에서는 자원을 공동으로 통제하는 자본들 간의 경쟁적 투쟁에 따라 자원이 배분된다. 폴라니가 ≪거대한 전환The Great Transformation≫에서 보여 주듯이, 그런 경제 체제는 모든 것을 상품으로 만든다. 오늘날 신자유주의가 바로 그렇다. 이런 체제는, 생산의 전반적 목표와 그 목표를 달성하기 위한 적절한 수단을 민주적으로 결정하는 과정을 원칙적으로 배제하기도 한다. 다시 말해, 계획을 배제한다. 그러나 이것은 정신 나간 체제다. 민주적으로 결정하는 모종의 정치 과정을 거치지 않고 어떻게 세계적 빈곤과 기후 변화 같은 문제들을 다룰 수 있겠는가? 특히, 그런 문제들을 해결하기 위해 자원을 어떻게 배분할 것인가 하는 문제를 민주적으로 결정하지 않고 말이다.

우리에게는 계획이 필요하다. 그러나 요즘 계획이라는 말은 스탈린주의의 경험 때문에 끔찍한 용어가 돼 버렸다. 내 책 ≪반자본주의 선언≫에 대한 몇몇 서평이 계획을 단번에 기각하는 근거는, 소련 붕괴와 프리드리히 폰 하이에크의 이론적 비판으로 계획의 불가능성이 입증됐다는 것이다. 그러나 곰곰이 생각해 보면 이런 논리가 다소 기괴하다는 것을 알 수 있다. 한 종류의 계획 — 많은 전문가들이 "계획"이라고 부를 수도 없다고 주장하는, 관료적으로 중앙집권적인 명령 경제 — 이 실패했다고 해서, 게다가 그 이유도 엄청난 역사적 논쟁의 대상인 터에, 모든 형태의 계획은 반드시 실패할 것이라고 말할 수 있을까? 분명히 그렇지 않다. 베를린 장벽이 무너졌을 때 역사는 끝났으며 인류의 미래는 시장 자본주의의 지평을 넘어서지 못할 것이라고 정말로 생각하지 않는다면 말이다(그렇다면 역사는 십중팔구 전쟁과 환경 파괴 때문에 머지않아 끝날 것이다).

민주적 계획 경제의 모델은 다양하다. 그런 경제에서는 생산자·소비자 네트워크들 간의 수평적 관계를 포함하는 민주적 과정을 바탕으로 자원이 배분될 것이다. 이것은 (경쟁의 결과로 자원이 배분되는) 자본주의나 (독재적으로 자원이 배분되는) 스탈린주의 명령 경제 둘 다와 근본적으로 다른 형태의 경제적 조정이다. 이런 모델 중 하나가 마이클 앨버트가 발전시킨 참여 경제(파레콘)다. 그보다 약간 더 중앙집권적인 모델은 팻 드바인의 책 ≪민주주의와 경제 계획Democracy and Economic Planning≫(1988)에서 처음으로 그 윤곽이 드러난 "협상 조정" 모델이다. 이런저런 다른 모델들의 상대적 장점은 논쟁의 여지가 있다. 그럼에도, 그런 모델들이 존재한다는 것 자체가 자본주의 체제의 대안에 대한 진지하고 구체적인 탐구가 진행 중임을 보여 준다. 그 연장선에 있는 것으로 생각되는 민주적 계획 경제야 말로 반자본주의 운동이 헌신하는 가치들을 실현할 최상의 방식이라는 것이 내 생각이다.

이런 대안을 일컫는 가장 적절한 말이 "사회주의"라고 생각한다. 스탈린주의의 재앙 때문에 이 말의 가치가 땅에 떨어졌다는 것은 사실이다. 그러나 부시 정부가 날마다 "민주주의"와 "자유"를 들먹이며 이런 말들을 더럽힌다고 해서 "민주주의"와 "자유"를 포기하는 것은 정신 나간 짓일 것이다. 사회주의라는 용어를 고수하는 것은 두 가지 긍정적인 이유 때문이다. 첫째, 앞서 말한 모델들은 최상의 사회주의 전통이 염원해 온 것을 담고 있다. 예컨대, 내가 속한 사회주의 전통, 즉 핼 드레이퍼가 "아래로부터의 사회주의"라고 부른, 마르크스·엥겔스에서 유래해 레닌과 룩셈부르크를 거쳐 트로츠키와 좌익반대파로 이어지는 혁명적 마르크스주의 전통의 염원 말이다.

둘째, 사회주의 사상의 주요 구성요소 하나는 물질적 생산 자원이 대체로 사회적 소유여야 한다는 견해다. 지금 사유화에 반대하는 수많은 운동과 투쟁이 있지만, 대개는 수세적으로 표현되고 있다. 반대편 ― 대기업들과 그들의 로비스트들 ― 은 경제적 소유권의 중요성을 훨씬 더 분명히 이해하고 있다. 예컨대, 지적재산권을 위해 그들이 얼마나 공격적으로 싸우는지 살펴보라. 우리의 가치들을 실현할 경제 체제에서는 주요 생산 자원이 민주적·분산적 토대 위에서 사회적으로 소유될 것이라고 말하기를 두려워해서는 안 된다.

사회주의에 이르는 길

민주적 계획 경제를 성취하는 것이 곧 혁명이라는 말은 단지 현실을 인정하는 것일 뿐이다. 사실, 어떤 의미에서 이것은 동어반복일 뿐이다. 우리가 추구하는 가치들에 맞는 경제 체제로 자본주의를 교체하려면 급진적 사회 변혁, 즉 혁명이 필요하다. 그러나 이렇게 말한다고 해서 이런 혁명의 방식 문제가 저절로 해결되는 것은 아니다. 아래로부터의 사회주의 전통의 핵심은, 말 그대로 혁명을 위로부터 강요할 수 없다는 사상이다. 자본주의의 착취와 억압에 시달리는 압도 다수의 사람들을 해방할 수 있는 세력은 그들 자신뿐이다. 마르크스가 썼듯이, 사회주의는 노동계급의 자기 해방이다.

상식적인 혁명 개념은 혁명을 폭력과 동일시한다. 내가 앞서 말한 혁명 개념은 사뭇 다르다. 그것은 사람들이 자기 자신들을 해방하고 새로운 형태의 사회를 건설하는 것이다. 그렇다고 해서 혁명 과정에서 폭력이 전혀 등장하지 않는다는 말은 아니다. 쉽게 말하면, 현재 세계를 지배하는 자들은 그들의 힘과 특권을 제거하려는 진지한 시도에 폭력적으로 저항할 가능성이 아주 높다. "테러와의 전쟁"을 벌인다며 아프가니스탄과 이라크를 침략했을 뿐 아니라 시민적 자유도 체계적으로 짓밟은 부시 정부와 토니 블레어 같은 부시 동맹자들의 만행을 보라. 알-카에다는 여러 면에서 보수적인 사회운동이고, 사적 소유를 전혀 위협하지 않는데도 그랬다. 그런데 부자들과 권력자들의 경제 권력을 정말로 심각하게 위협하는 일이 벌어진다면 그들은 어떻게 대응할까? "또 다른 9·11" — 미국의 후원 아래 1973년 칠레에서 살바도르 아옌데의 민중연합 정부를 전복한 군사 쿠데타 — 은 그 대답의 단서를 보여 준다.

이것이 뜻하는 바는 모름지기 혁명적 운동은 반대편의 폭력적 저항을 극복할 준비가 돼 있어야 한다는 것이다. 그렇다고 해서 군사적 음모나 테러리즘에 빠져서는 안 된다. 급진적 사회 변화를 추구하는 운동의 힘은 두 요인에 달려 있다. (1) 그런 운동을 대중이 얼마나 지지하는가. (2) 그런 대중적 지지가 얼마나 조직화 됐는가. 억압에 저항할 뿐 아니라 필요하다면 사회 지도층과도 대결할 수 있는 작업장·지역사회 단체들의 네트워크가 더 많은 운동일수록 더 강력하기 마련이다. 따라서 우리가 원하는 사회 — 사람들이 작업장과 지역사회에서 민주적 협력을 바탕으로 자신들의 삶을 꾸려 가는 자율관리 사회 — 와 그런 사회를 건설하기 위한 조직 방식 사이에는 유기적 연관이 있다.

권력에 도전할 수 있기까지 우리가 가야 할 길은 아직도 매우 멀다. 금융 투기 반대 운동 단체로 프랑스에서 처음 등장한 아탁 ATTAC의 창립자 베르나르 카상은 최근 "2000만 명 문제"라는 것을 제기했다. 유럽사회포럼과 노동조합들, 좌파 정당들이 프랑스에서 "시민권을 실질적으로 행사할 수 '없는' 2000만 명, 즉 실업자, 가난한 블루칼라·화이트칼라 노동자, 대형 체인점에 밀려 몰락하는 소규모 상점 주인, 편부모 가족, 임시직 노동자, 이주민 등"과 연계를 맺지 못하고 있다는 것이다.[*]

이것은 좋은 물음이며 프랑스만의 문제도 아니다. 그러나 사회포럼이 교육과 선전에 국한돼야 한다는 카상의 대답은 명백히 틀렸다. 운동은 노동계급의 생활 속으로 지금보다 훨씬 더 깊숙이 파고들어야 한다. 그러려면 많은 것이 필요하다. 세 가지만 이야기해 보자. 첫째, 우리는 "큰 그림" — 신자유주의와 전쟁에 반대하는 세계적 저항 — 과 기업 주도 세계화의 결과에 반대해서 어디서나 벌어지는 일상적 투쟁들을 서로 연결시키는 법을 배워야 한다. 둘째, 운동과 조직 노동계급 사이의 연계를 지금보다 훨씬 더 체계화해야 한다. 유럽에서는 이런 방향으로 진전이 있었다. 유럽사회포럼이 잇따라 열릴 때마다 노동조합의 참가도 계속 늘어났다. 양쪽 사람들, 즉 반자본주의 활동가들과 노동조합원들은 정치 문화와 조직 방식의 차이를 인정하면서도 더 강력하고 단결된 운동의 건설을 위해 타협하는 법을 배워야 한다.

셋째이자 아마도 더 논쟁적인 것은, 선거 정치에 관여하기를 두려워해서는 안 된다는 것이다. 이라크 전쟁은 정치적 대표성의

----

[*] B. Cassen, Tout à commencé á Porto Alegre ……(Paris, 2003), pp 139~140[알렉스].

위기가 심화되는 것을 극적으로 보여 주었다. 영국, 이탈리아, 스페인 같은 나라들에서는 정부가 여론을 거슬러 부시를 지지한 것 때문에 거리의 운동과 공식 정치 제도 사이의 간극이 엄청나게 벌어졌다. 이것은 정치 엘리트들과 대다수 사람들 사이의 더 근본적인 차이를 상징한다. 정치 엘리트들은 하나같이 신자유주의적인 반면, 대다수 사람들은 자신의 견해와 이익이 공식 정치에서 완전히 무시당하는 것을 보고 투표에 기권하거나 아니면 반체제 흉내를 내는 극우파 후보들을 지지했다. 일부 유럽 나라들에서는 공식 정치에서 배제된 사람들을 대변하고자 급진 좌파가 선거 도전을 시작했다. 미국에서는 어떤 결과가 나타날지 잘 모르겠다(부시에 반대하기 위해 민주당에 표를 던지는 것은 분명히 잘못이라고 생각하지만 말이다).

우리는 다음과 같은 세 가지 특징을 가진 운동을 건설하려고 노력해야 한다. (1) 최대한 광범하고 단결된 운동. (2) 조직 노동자들이 집단적인 경제적 힘을 발휘하고 그들이 동원될 때만 실현될 수 있는 사회적 비중을 가진 운동. (3) 심대한 사회 변혁이라는 급진적 비전을 가진 운동. 그런 운동을 건설하는 것은 아주 힘든 일처럼 보일 수 있지만, 시애틀 시위 이후 겨우 4년 만에 우리의 세계적 운동이 이룩한 장족의 발전을 생각해 보라. 우리는 갈 길이 멀지만, 다른 세계는 정말로 가능하다.

내 주장을 훨씬 더 자세히 알고 싶다면, 올해 폴리티Polity 출판

사에서 펴낸 내 신간 두 권 ≪반자본주의 선언≫, ≪미국의 세계 제패 전략≫과 북막스Bookmarks에서 최근에 다시 펴낸 내 책 ≪마르크스의 혁명적 사상≫이 도움이 될 것이다.

첫 번째 논평

— 가치, 비전, 전략 —

마이클 앨버트(2003년 12월 9일)

알렉스,

당신의 화두가 가치였다는 것이 마음에 든다. 비전을 제시하려면, 우리의 중요한 염원들을 포함하면서도 우리의 분석에 방향을 제시할 수 있는 구체적이고 까다로운 것 몇 가지가 필요하다고 생각한다.

당신은 정의로 이야기를 시작했다. 나도 정의를 지지하지만, 아틸라Attila the Hun*보다 좌파적인 사람들은 누구든지 정의를 지지할 것이다. 당신은 잘 사는 데 필요한 수단을 평등하게 이용할 수 있는 것이 정의라고 주장한다. 그러나 결과에 대해서는 어떤가? 누구는 더 힘들게 일하고 누구는 그렇지 않는다면 어떻게 되는가? 그들의 소득은 똑같아야 하는가? 부자들도 자신이 평등한 기회를 이용해서 남들보다 더 많이 벌었을 뿐이라고 생각하며,

---

* 로마 제국을 침략한 훈족의 왕. 흔히 악의 화신으로 묘사된다.

보통 사람들보다 재능이 뛰어나거나 탁월한 사람들도 마찬가지다. 외과의사가 조립공보다 10배 많이 벌어서는 안 되고 축구 선수가 우체국 노동자보다 100배 많이 벌어서는 안 된다면, 그 이유는 무엇인가? 당신의 정의 개념에는 사람들의 소득 수준도 포함되는 듯한데, 나는 당신이 구체적으로 무엇을 선호하는지 모르겠다. 그리고 정의의 의미가 그리 명확하지 않다면, 정의를 강조하는 것이 비전을 제시하는 데 얼마나 도움이 될지 모르겠다.

당신의 두 번째 가치인 효율성은, 우리가 목표를 달성하면서도 가치 있다고 여기는 자산을 보존하는 것을 뜻하는 것 같다. 그래서 나도 효율성을 선호한다. 다른 모든 사람들도 그럴 것이다. 여기서 쟁점은 어떤 목표를 추구하는가와 어떤 조건을 가치 있다고 여기는가 하는 것이다. 자본가들은 이윤을 추구하고 이윤 획득 수단을 가치 있다고 여긴다. 그 밖의 나머지는 그들에게 하찮은 것들이다. 석탄업계 거물의 이윤, 광원들의 탄진폐증, 대기 오염 등은 모두 자본주의의 관점에서 보면 효율적이다. 우리를 희생시켜 재산 소유자들을 부유하게 해 주는 것은 무엇이든 자본주의에서 효율적이다. 그래서 나는 저들의 가치가 아니라 우리의 사회적 가치들을 성취하는 데서 효율성을 높이는 것을 선호한다. 다시 말해, 우리가 더 나은 경제를 구상하는 데 도움이 되려면 효율성은 다른 가치들과 연결돼야 한다고 생각한다.

당신은 세 번째 가치로 민주주의를 제시했다. 그러나 민주주의란 또 무엇인가? 모든 사람이 경제생활과 그 밖의 생활 분야에서도 동등한 발언권을 가져야 하고 다수결로 결정하는 것이 민주주의인가? 당신이 그렇게 생각할 것 같지는 않지만 …… 그렇다면 민주주의의 원칙은 도대체 무엇인가? 당신이 바람직하다고 생각하는 결정 방식과 관련해서 경제를 더 잘 설명할 수 있는가? 그럴 수 없다면, 우리가 민주주의에 찬성한다고 하더라도 제도적 비전을 끌어내기는 힘들 것이다. 그러나 그럴 수 있다면, 민주주의에 찬성하는 것이 우리에게 큰 도움이 될 수 있을 것이다.

당신이 말한 네 번째 가치인 지속가능성도 훌륭하다고 생각한다. 그러나 생산과 소비가 생태계에 미치는 파괴적 영향을 경제가 어떻게 적절하게 책임지는가 하는 것은 경제 문제다. 그리고 그렇다면 무엇을 할 것인지 결정하는 방식도 마찬가지다. 나는 재생 불가능한 주요 자원의 고갈을 막고 환경 파괴의 피해를 방지하려면 생산과 소비의 방향을 전환해야 한다는 데 동의한다. 그러나 지속가능성과 관련해서는 미래 세대를 존중해야 하는 독특한 문제가 있다고 생각한다. 그리고 미래 세대의 이해관계가 현재 세대의 경제적 결정에 영향을 미쳐 그들이 후손을 더 의식하고 후손에게 도움이 되도록 결정하고 그런 신념에 따라 행동하려고 정보를 수집하고 결정을 내리게 만들 수 있는 방법이 있는지 잘 모르겠다.

요컨대, 당신이 제안한 가치들은 충분히 동의할 만한 것들이지만, 근본적 대안을 효과적으로 제시하기에는 너무 모호하다는 생각이 든다.

자본주의와 관련해서 당신은 임금노동과 통제 불능의 경쟁적 축적 과정을 강조한다. 둘 다 동의한다. 그러나 덧붙이자면, 내가 보기에 자본주의는 생산적 자산의 사적 소유, 경쟁 시장, 위계적 분업, 재산과 권력에 따른 보상을 뜻하기도 한다. 따라서 자본주의의 주요 계급은 둘이 아니라 셋이라고 생각한다. 당신이 말한 자본가와 노동자뿐 아니라 둘 사이에는 내가 조정자 계급이라고 부른 집단이 있다. 내가 보기에 당신은(그리고 마르크스주의도) 분업에서 노동자들이 차지하는 특별한 위치의 함의보다는 임금노동 관계와 축적 과정에 주목하다 보니 노동과 자본 사이의 세 번째 계급을 충분히 강조하지 못한다. 그 계급은 압도적으로 단조로운 일을 시키는 대로 해야 하는 노동자들에 비해 많은 권한이 부여된 직무를 독점하는 이점을 누린다.

당신과 마찬가지로 나도 시장을 [자원] 배분 방식으로 삼는 것에 반대한다. 시장은 반反사회성을 낳고, 구매자와 판매자를 뛰어넘는 영향을 미치는(환경도 파괴하는) 소비와 노동의 가치를 잘못 평가하고, 자율관리를 침해하고, 거의 모든 것을 상품화·상업화하고, 협상력에 보상을 지급하고, 조정자 계급과 노동자 계급을 분열시킨다. 물론 생산적 자산의 사적 소유와 결합된 시장은 훨씬 더 나쁘다. 그래서 우리는 둘 다 시장을 거부하는 것에 동의하고, 결정 권한이나 계급 관계의 배분과 관계있는 가치들을 중앙 집권적 계획이 훼손한다는 것에도 동의한다. 우리는 또, 경제 주체들이 십중팔구 적절한 수준의 영향력을 행사하면서 우호적으로 협상해서 결과를 도출할 수 있게 해 주는 "수평적 관계"가 정말로 필요하다는 점에도 동의하지만, 이런 수평적 관계들에 대해서는 당신이 설명한 것보다 훨씬 더 자세히 설명할 필요가 있다고 생각한다.

그러나 내가 궁금한 것은 당신이 새로운 경제를 말할 때, 심지어 매우 광범하게 그리고 짧게 이야기할 때조차, 작업장에서든 더 광범한 경제에서든 분배와 권력을 더 분명히 말하지 않는 이유가 뭘까 하는 것이다. 우리는 노동자들과 소비자들이 자신의 선호를 드러내도록 촉진하는 조건들에 대해 말할 수 없는가? 그리고 그들이 어디서 어떻게 발언권을 행사할 수 있는지, 또 얼마나 많이 발언할 수 있는지에 대해서도? 당신이 작업장 조직을 변화의 또 다른 중심으로 여기는지 궁금하고, 만약 그렇다면 어떤 종류의 변화인지도 궁금하다. 또, 보상의 기준도 변해야 한다고 생각하는지 궁금하다.

당신과 나는 "사회주의"라는 말에 대해 견해가 다르다. 당신은 스탈린주의의 재앙 때문에 그 말의 가치가 땅에 떨어졌다고 지적하고, 민주주의나 종교, 아나키즘 등의 사례 하나가 실패했다고 해서 민주주의·종교·아나키즘 등을 모두 거부해야 하는 것이 아니듯이 스탈린주의의 재앙이 사회주의라는 용어의 폐지를 정당화하지는 않는다고 말한다. 스탈린주의가 사회주의의 이상을 재앙적으로 위반한 것이라면 당신의 주장이 옳다고 할 수 있을 것이다. 그러나 사회주의라는 말이 흔히 평등이나 참여 같은 훌륭한 가치들을 많이 포함하면서도 제도적으로는 바로 그런 가치의 실현을 가로막는다고 내가 느끼는 이유는 단지 스탈린주의 때문만은 아니라는 것이 문제다. 이 점은 스탈린주의뿐 아니라 실제로 구현된 사회주의 비전들의 유산 전체, 심지어 사회주의 경제 모델들을 다룬 도서 전체를 봐도 알 수 있다(그 예외는 분명히 극소수에 불과할 것이다). 사회주의자들은 권력을 장악하거나 완전한 [사회주의] 모델을 진지하게 제시할 때마다 거의 천편일률적으로 공공 소유나 국가 소유, 위계적 분업, 시장 계획이나 중앙집권적 계획을 제도화하거나 사회주의라 묘사했다. 스탈린주의 국가뿐 아니라 이 모든 것도 거부하는 내가 굳이 사회주의라는 용어를 써야 할 이유를 모르겠다.

당신과 나는 자본주의를 제거하려면 혁명이 필요하다는 것에 동의한다. 그리고 나는 가부장제, 인종 차별, 권위주의적 정치 구조를 제거하기 위해서도 혁명이 필요하다고 생각한다. 국가권력과 그 밖의 권력 중심들을 극복하는 것은 당신의 말처럼 "(1) 대중적 지지의 정도, (2) 그런 대중적 지지의 조직화 정도"에 달려 있다는 것에도 동의한다. 따라서 작업장과 지역사회에 직접적인 조직화·투쟁 수단이 있고 기층의 통제를 받는 대규모 운동들이 있어야 한다는 데도 우리가 동의할 수 있기를 바란다. 그러나 당신이 레닌주의 정당은 물론 어떤 정당에 대해서도 말하지 않은 이유가 궁금하다.

운동이 노동계급의 생활이나 염원과 관계를 맺어야 한다는 당신의 주장이 옳다고 생각한다. 그러나 여기서 당신과 나의 또 다른 차이가 드러나는 듯하다. 나는 운동이 노동 대중과 더 가까워질 수 없게 가로막는 장애물 가운데 하나가, 당신이 지적한 것처럼, 우리의 강령과 쟁점들이라고 생각한다. 그러나 더 근본적인 장애물은 운동의 사회적 관계와 구조라고 생각한다. 우리 운동은 조정자 계급의 구조, 기질, 선호, 언어와 더 잘 맞고 그런 구조, 분위기, 선호, 언어를 더 많이 반영하는 경향이 있다. 이런 난국에 빠지는 이유는 우리가 조정자주의 경향을 뛰어넘어 계급 없는 사회를 건설하려는 노력이 부족했기 때문이라고 생각한다.

아마 인종 차별이나 여성 차별도 아마 비슷하게 설명할 수 있을 것이다. 우리의 개념 도구들이 인종 차별과 여성 차별에 취약하면, 우리의 삶과 사회를 짓누르는 이런 억압의 무게에 짓눌린 우리 운동이 여성과 유색인에 대해 인종적·성적 반감을 갖게 되는 것에 맞서 대항할 수 없다. 마찬가지로, 조정자 계급과 노동계급의 상호관계에 대한 우리의 개념 도구들이 취약하다는 사실 때문에, 우리 운동은 삶과 사회에 대한 계급 차별의 무게에 짓눌려

대체로 노동자들에게 비非우호적 태도를 취할 수밖에 없게 된다. 노동계급이나 계급 없는 사회를 지지한다고 끊임없이 되풀이하면서도 내부적으로는 진정성이 없다고 의심받는다면 우리 운동이 조정자의 태도로 분업, 선호 등이 두드러지는 것에 염증을 느낀 노동자를 거의 납득시키지 못할 것이다.

한 문장 더 쓰면 1500단어를 넘을 것 같으니, 이만 줄여야겠다.

첫 번째 답변

알렉스 캘리니코스(2003년 12월 11일)

친애하는 마이클,

논평 고맙다. 이 답변 글에서는 당신이 제기한 주요 문제들을 다루겠지만, 내 주장도 조금 더 펼치도록 하겠다.

1. **정의와 그 밖의 가치들** : 물론 사람에 따라 정의가 제각각일 수 있다는 당신의 말도 옳지만, 내가 말한 평등주의적 정의 개념은 당신이 주장한 것보다 더 정확하다. 이 정의 개념에 따르면, 모든 사람은 자신이 가치 있다고 여기는 삶을 사는 데 필요한 자원을 평등하게 이용할 권리가 있다. 이와 관련해서 세 가지를 이야기하고 싶다.

(1) 많은 재산을 물려받거나 재능을 타고난 사람들은 자신도 사회의 자원을 평등하게 이용했을 뿐이라고 진지하게 생각할지 모르지만, 그렇다고 해서 그 생각이 틀렸다는 사실이 바뀌지는 않는다. 그리고 [그런 생각이] 재산에 대한 보상이나 유전적 자질을 정당화하는 데 이용된다면 정말 명백한 합리화다. "기회 균

등"은 기회가 평등하다는 뜻이다.

(2) 내가 옹호하는 평등이 반드시 결과의 평등을 추구하는 것은 아니다. 내가 옹호하는 것은 급진적 형태의 기회 균등이다. 모든 사람에게는 자원을 이용할 수 있는 기회가 평등하게 보장돼야 하지만, 그나 그녀가 이런 기회를 얼마나 많이 이용하는지는 각 개인에게 달려 있다. 따라서 이런 정의 개념은, 당신이 말한, 노력에 따른 노동의 보상과 모순되지 않는다(노력에 따른 노동의 보상을 의무화하지는 않지만 말이다).

(3) 사람들이 스스로 가치 있다고 여기는 삶을 살 수 있는 기회가 똑같이 보장돼야 한다는 생각에서 철학자들이 "완벽주의"◆라고 부른 것이 나온다. 삶의 계획이라고 해서 모두 동등한 가치가 있는 것은 아니다. 무기상이나 인종 차별주의자나 어린이 성범죄자가 자신들의 특별한 계획을 실현하고자 사회의 자원을 요구하는 것은 안 된다.

다른 가치들로 말하면, 나는 당신이 말한 자율관리가 민주주의의 내용을 구체화한 중요한 가치라고 이미 지적한 바 있다. 내가 특히 좋아하는 당신의 주장은, 사람들이 특정 정책의 영향을 얼마나 받는지에 따라 그 정책 결정 과정에 참여할 수 있어야 한다는 규범이 어느 한 가지 결정 방식에 특별히 유리하지는 않다

◆ 인간은 종교적 · 도덕적 · 사회적 · 정치적으로 완전한 경지에 도달할 수 있다는 학설.

는 것이다. 상황에 따라서는 합의제, 다수결, 독재(내가 무슨 옷을 입을지, 어떤 신을 믿을 것인지 하는 등의 문제에서는 내 선호가 다른 모든 사람들의 선호보다 중요하다는 의미에서)가 각각 올바른 방식일 수 있다. 당신처럼 원칙적으로 정당화하지는 않았지만, 나도 ≪반자본주의 선언≫ 122~123쪽*에서 사실상 동일한 결론을 제시한 바 있다. 내가 말한 다른 가치들, 즉 효율성과 지속가능성으로 말하면, 당신은 사실상 두 가치의 내용이 어느 정도는 다른 가치들에 영향을 받아 결정된다고 주장한다. 예컨대, "효율성"은 수익성에 얽매이는지 아닌지에 따라 달라진다는 것이다. 옳은 말이다. 그리고 나도 ≪반자본주의 선언≫에서 그렇게 주장했다.

2. **자본주의와 사회주의** : 당신은 자본주의가 "임금노동과 통제 불능의 경쟁적 축적 과정"을 포함한다는 데 동의하면서도, "생산적 자산의 사적 소유, 경쟁 시장, 위계적 분업, 재산과 권력에 따른 보상"도 자본주의에 포함된다고 주장한다.

너무 학자 티를 내려는 것은 아니지만, 당신이 추가한 것들은 두 가지 근본적 분리 — 노동력과 생산수단의 분리, 서로 경쟁하는 자본들 간의 분리 — 에 포함된다고 생각한다. 나는 그 두 가지 분리가 자본주의 생산양식의 핵심 구성요소라고 생각한다. 당신의 목록을 잠시 살펴보자.

---

* 국역 : ≪반자본주의 선언≫(책갈피, 2003), 164~165쪽.

　"생산적 자산의 사적 소유"는 자본주의 생산관계의 필요조건도 아니고 충분조건도 아니다. (내가 이미 관료적 국가자본주의의 사례로 주장한 바 있는) 스탈린주의의 문제는 제쳐 두더라도, 국가가 소유한 자본주의 기업들은 아주 많았다(그래서 요즘 사유화가 유행하는 듯하다). [자본주의 생산관계의] 필요조건은 소수가 생산수단을 사실상 통제해서 직접 생산자들이 생산수단을 이용하지 못하게 할 수 있다는 것이다. 이런 통제권이 법률적 소유 형태를 통해 합법화되는지 아닌지는 중요하지 않다. 또 다른 필요조건은 이 소수가 경쟁에 종속되고, 이 경쟁은 시장 경쟁의 형태를 취할 수도 있지만, 서로 경쟁하는 국가들이 선진 군사기술을 떠받치는 데 필요한 산업에 투자할 수밖에 없게 만드는 지정학적 경쟁의 형태를 취할 수도 있다. 현대 자본주의적 의미의 제국주의는 이 두 형태의 경쟁이 융합할 때 발생한다. "재산과 권력에 따른 보상"은 자본주의만의 특징이 아니라 모든 계급 사회의 특징이다.

　"위계적 분업"은 사회 변혁 문제와 연결된 더 복잡한 문제들을 제기한다. 자본주의에서 분업은 착취의 필요와 기술적 필요가 결합된 결과라고 할 수 있다. 착취의 필요와 기술적 필요 자체가 기술 변화를 촉진하는 경쟁 과정을 반영한다. 당신은 마르크스주의자들이 생산 과정에서 노동자들이 겪는 곤경에 무관심하다는 듯이 말하지만, 결코 그렇지 않다. 마르크스 자신이 ≪자본론≫에서 자본가들이 생산수단을 효과적으로 소유하기 위해 생산 과정 자체를 변혁하고, 그 과정에서 노동자들을 기계의 부속품으로 전락시키는 과정을 보여 준다. 마르크스가 "자본주의에서 노동의 실질적 포섭"이라고 부른 이 주제는 20세기의 많은 마르크스주의자들 ― 해리 브레이버맨, 이탈리아 노동자주의자들 등 ― 에게 끊임없는 탐구 대상이었다.

방금 말한 것은 당신이 제기한 질문, 즉 내가 "작업장 조직을 변화가 필요한 또 다른 공간"으로 보고 있는지에 대한 답변이 될 것이다. 당연히 그렇다! 내가 속한 특별한 전통, 즉 국제사회주의 경향은 항상 현장조합원 운동을 엄청나게 강조해 왔다. 현장조합원 운동을 통해 노동자들은 노조 상근간부한테서 독립해서 기업주들에게 저항할 수 있다. 6주 전 여기 영국에서 벌어진 우체국 노동자들의 아주 중요한 비공인 파업에서 내 동지들은 지도적 구실을 했다. 자본주의적 지배에 맞서는 진지한 도전은 생산을 노동자들이 통제하는 형태들을 발전시킬 것이다. 새로운 사회의 핵심 구성요소가 될 형태들을 말이다.

당신은 내가 생각하는 새로운 사회가 어떤 것인지 더 자세히 설명해 달라고 요구했지만, 이미 분명히 말했듯이, 나는 당신이 "참여 경제(파레콘)"에서 자세히 설명한 내용의 많은 부분에 동의한다. 당신이 자신의 대안을 "사회주의"라고 부르는 것에 반대하는 이유는, 사회주의에는 당신이 옹호하는 모종의 평의회 민주주의가 없다는 생각 때문인 듯하다. 그러나 30여 년 전 내가 처음으

로 정치 활동을 시작한 이래 항상 "사회주의"라고 이해해 온 것
이 바로 평의회 민주주의였다.

3. 레닌주의 : 당신은 내가 "레닌주의 정당은 물론 어떤 정당
에 대해서도 말하지 않은 이유가 궁금하다"고 했다. 내가 "혁명
적 사회주의를 위한 주장"에서 혁명적 마르크스주의 전통에 레닌
을 포함시킨 것에서도 드러나듯이, 나는 어떤 것도 숨기려 하지
않았다. 나는 우리가 머지않아 정당 문제를 다루게 될 것임을 알
고 있었다. 내가 나 자신을 "마르크스-레닌주의자"라고 부르고
싶지 않은 이유는 이 말이 1920년대 중반 이후 제도화한 모종의
정설 스탈린주의에 꼬리표처럼 붙어 다니기 때문이다. 그러나 혁
명적 조직에 관한 문제라면 나 자신을 레닌주의자라고 부르는 데
전혀 거리낌이 없다. 그렇다면 21세기에 레닌주의자가 된다는 것
은 무슨 의미인가?

카상이 말한 "2000만 명 문제", 즉 자본주의의 주요 피해자들
인 노동계급 대중(적어도 선진국들의)과 헌신적인 활동가들 사이
의 간극에서 출발해 보자. 이런 간극이 존재하는 데는 사회적 이
유들이 있다는 당신의 말은 옳지만, 나는 여기서 핵심 문제가 "조
정자 계급의 구조, 기질, 선호, 언어"의 득세라고 생각하지는 않
는다. 당신이 말한 조정자들이 경영자들이라면, 운동에 그런 조
정자들은 많지 않은 듯하다. 조정자들은 흔히 전문직 화이트칼라
출신인 경우가 많고, 그래서 제멋대로 구는 경향이나 엘리트주의

가 조장될 수 있다는 것은 분명하지만, 가장 강력한 보수적 견인력은 관료적 구조와 기득권을 가진 대규모 NGO들과 노동조합들에서 나온다.

내 말을 오해하지 말기 바란다. 나는 노조와 NGO들을 끌어들이는 것에 찬성한다. 그래야 더 큰 사회 세력들을 운동에 끌어들일 수 있기 때문이다. 그러나 운동의 급진파는 노조 간부들이나 그 비슷한 사람들의 온건화 압력에 공동으로 대항해야 한다. 지난 몇 년 동안 운동 안에서 더 급진적인 좌파들이 등장했다. 이런 발전 덕분에 2·15 국제 공동 반전 행동이 가능했다. 그러나 이 좌파 자체는 정치적으로 이질적이다. 이 좌파에는 특히 당신 같은 사람들, 이탈리아 사회포럼 운동의 지도자들, 월든 벨로와 남반구초점, 영국 사회주의노동자당SWP이나 전쟁저지연합과 '저항의 세계화'에서 활동하는 사회주의노동자당 동맹 세력 등이 포함된다. 정말로 중요한 것은 이 좌파가 서로 협력하고 대화를 추구하는 것이다(우리 둘의 논쟁도 그런 사례다). 그러나 이것만으로는 충분하지 않다.

레닌주의의 기본 사상은 혁명적 사회주의 관점을 공유하는 좌파들이 자본주의 체제 전복이라는 사상으로 다수를 설득하려면 공동의 조직을 만들어야 한다는 것이다. 그 목표는 중요한 제약 조건이다. 내가 이미 주장했듯이, 사회주의 혁명은 자기 해방 과정이다. 그렇다면 혁명정당의 구실은 대중 투쟁 과정에서 등장하는 민주적 자기 조직화의 다양한 형태들을 대리하는 것이 아니라 그런 형태들이 기존 사회 구조 변혁에 실제로 필요한 전략적 초점을 발전시키도록 도와주는 것이다.

그러나 그런 전략적 초점은 운동이 발전하면 자연스럽게 등장하지 않을까? 역사는 그렇지 않음을 보여 준다. 살아있는 운동은 다양한 전략과 강령을 만들어 내기만 하지 않는다. 우리가 강력해질수록 자본가 계급은 우리를 분열시키려 하고, 타협을 추구하는 온건파 지도자들이 득세하도록 부추기고, 급진파를 고립시키려 할 것이다. 우리는 그런 자본가 계급에 맞서 조직해야 한다. 물론 자본주의의 특징인 위계적·권위주의적 구조들을 재생산하지 않으면서 말이다.

혁명적 조직은 이데올로기적 응집력이 있어야 한다. 레닌주의자들은 이런 응집력을 확보할 수 있는 최상의 토대가 마르크스주의 전통이라고 생각한다. 그 이유 중 하나는 마르크스의 정치경제학 비판이 자본주의의 경제적 동역학을 가장 설득력 있게 분석했다는 것이다. 더욱이, 마르크스주의 정치 저작들은 19세기와 20세기의 위대한 혁명적 경험들을 반영하고 그런 경험을 바탕으로 한 주장의 엄청난 보고다. 21세기의 혁명에 관심이 있는 사람이라면 누구나 여기서 출발하라는 조언을 많이 들을 것이다. 물론 이런 저작들을 신성한 경전 취급하거나 다른 사상을 배제하는 수단으로 여겨서는 안 되고, 비판적으로 읽어야 한다. 그래서 현실에 개입함으로써 끊임없이 자기 갱신하며 발전하는 전통에 기여하는 것으로 만들어야 한다.

마지막으로, 민주적 중앙집권주의 문제가 있다. 국제사회주의IS 전통의 조직들이 실천하듯이, (스탈린주의 정당들의 특징인 관료적 중앙집권주의와 반대로) 민주적 중앙집권주의의 핵심은 결국 다수결 원칙을 엄격하게 적용하는 것이다. 철저한 토론은 혁명정당이 실제로 현실에 얼마나 잘 개입하고 있는지를 평가하고 향후 전략을 수립하기 위해 필요하지만, 이런 토론의 결론은 다수결로 채택돼야 하고 모든 당원은 논쟁 과정에서 어떤 태도를 취했든 간에 이 결론에 따라야 한다.

이런 절차의 이론적 근거는 두 가지다. 첫째, 혁명정당의 요체는 운동 건설을 지원하기 위해 더 큰 투쟁들에 개입하는 것이다. 따라서 토론은 그 자체가 목적이 아니라 결정을 내리기 위한 과정이어야 한다. 둘째, 레닌주의 조직은 혁명적 마르크스주의 전통이라는 뿌리 덕분에 고도의 이데올로기적 응집력을 갖고 있다. 정치적 원칙들에 대한 이런 합의를 생각하면, 이런 원칙들은 다수결 원칙을 바탕으로 실천에서 어떻게 적용할 것인지를 당원들의 동의에 따라 결정하는 것이 합리적이다.

이런 조직 방식은 충분히 민주주의적 근거가 있다. 물론 다수결 원칙의 엄격한 적용과 이데올로기적 응집력을 결합시킨 덕분에 레닌주의 조직이 거둘 수 있는 실천적 효과에 대해서는 의심을 품을 수 있다는 점을 인정한다. 따라서 마지막으로 강조하고 싶은 것은, 내가 속한 전통의 혁명적 사회주의자들은 민주적 중앙집권주의가 현재 운동이나 미래 사회의 조직적 모델이라고 생각하지 않는다는 점이다. 그런 모델은 반자본주의 투쟁 과정에서 생겨날 것이다. 레닌주의 정당은 자기 해방 과정에서 사용되는 하나의 도구이고 자기해방 과정은 레닌주의 정당을 쓸모없게 만들 것이다.

두 번째 논평

마이클 앨버트(2003년 12월 11일)

알렉스,

가치들과 관련해서, 당신이 말한 보상 기준은 여전히 혼란스럽다. 내가 "가치 있다고 여기는" 것에 대한 내 평가의 옳고 그름은 누가 판단하는가? 내가 평균 이하의 노동과 평균 이상의 소비를 정당화하기 위해 한가하고 부유한 생활을 가치 있다고 여긴다고 말하지 못할 이유는 무엇인가?

당신은 "모든 사람에게는 자원을 이용할 수 있는 기회가 평등하게 보장돼야 하지만, 그나 그녀가 이런 기회를 얼마나 많이 이용하는지는 각 개인에게 달려 있다"고 말한다. 나와 모차르트는 피아노와 레슨을 똑같이 이용할 수 있지만, 재능은 다르다. 마찬가지로, 가장 가치 있는 품목들을 우리가 모두 생산할 수 있는 것도 아니다. 우리가 모두 최상의 기술을 이용할 수 있는 것도 아니다. 우리가 모두 가장 비옥한 토지를 경작할 수 있는 것도 아니다. 기회 균등이 뜻하는 바는, 우리가 동등한 성공 가능성을 기대하며 최상의 경작지와 도구를 얻기 위해 미친 듯이 질주해서 노력에 따른 성과를 얻는다는 것인가? 기회 균등은 모차르트가 나보다 더 많이 번다거나 누군가는 나보다 더 나은 도구를 사용하거나 더 나은 토지를 경작한다는 뜻인가? 아니면 우리는 보상이 오직 노력과 희생의 대가여야 한다는 데 동의하는가?

자본주의에 대해서 당신과 나는 견해가 다르다. 소수가 생산수단을 통제하는 반면 다수는 그 소수의 통제 아래 임금노동을 하는, 그리고 기업들이 서로 경쟁하는 경제 체제를 모두 "자본주의"라고 불러야 한다는 것이 당신 생각이다. 내가 말하는 자본주의는 당신이 자본주의라고 부른 경제 중에서 생산수단의 사적 소유도 존재하는 경제만을 가리킨다.

그런 견해 때문에 당신은 오늘날의 미국과 옛 유고슬라비아를 모두 자본주의라고 부르며, 심지어 옛 소련도 마찬가지라고 생각한다. 내가 보기에 이것은 서로 다른 체제를 똑같은 이름으로 부르며 뒤섞는 것이다.

많은 권한이 부여된 직무를 독점하는 계급이 노동과 자본 사이에 존재하고 그들이 반자본주의 투쟁을 거쳐 지배계급이 돼서 조정자주의로 나아갈 수 있다면, 당신의 용어법은 틀린 것이다. 왜냐하면 중요한 현실을 시야에서 놓치게 만들기 때문이다. 그런 계급은 존재하지 않고 그런 일은 일어날 수 없다는 당신 말이 옳다면, 당신의 대안은 실현될 수 있을 것이다.

비전에 대해서 당신은 "'참여 경제(파레콘)'에서 자세히 설명한 내용의 많은 부분에 동의한다"고 말하지만, "사회주의에는 모종의 평의회 민주주의가 없다는 생각 때문"에 내가 참여 경제를 "사회주의"라고 부르는 것에 반대한다고 덧붙였다. 사실, 내가 참여 경제를 사회주의라고 부르는 것에 반대하는 이유는 사회주의가 실천에서든 교과서 모델에서든 항상 내가 거부하는 분명한 제도들을 포함하고 있었고, 사회주의라는 말을 듣는 거의 모든 사람들에게는 바로 그런 제도들이(그리고 더 나쁜 것도) 사회주의였기 때문이다.

전략과 관련해서 나는 우리 운동이 노동 대중에게 권한을 부여하지 않는 이유는 우리 운동의 내부 문화와 구조가 노동계급보다는 조정자에게 더 가깝기 때문이라고 주장했다. 이에 대한 당신의 답변은 "당신[마이클]이 말한 조정자가 경영자들이라면, 운동에 그런 조정자는 많지 않은 듯하다"는 것이다. 내가 말한 조정자는 경영자뿐 아니라 변호사, 의사, 엔지니어, 그리고 많은 권한이 부여된 직무를 독점하는 모든 사람들을 뜻한다. 그런 지위를 갈망하는 청년들과 심지어 노동자들도 운동(이나 노조)에서 차지하는 지위 덕분에 조정자가 될 수 있다. 그러나 주로 내가 문제삼는 것은 운동이 조정자식 태도와 구조를 드러내는 것이지 운동에서 활동하는 조정자 개인들이 아니다.

전략과 관련해서 당신은 이렇게 말한다. "레닌주의의 기본 사상은 혁명적 사회주의 관점을 공유하는 좌파들이 자본주의 체제 전복이라는 사상으로 다수를 설득하려면 공동의 조직을 만들어야 한다는 것이다." 사회주의자라는 말을 당신처럼 사용하면 대다수 아나키스트도 레닌주의자라고 해야 할 것이다. 나도 레닌주의자라고 해야 할 것이다. 스스로 지배적 지위로 올라서고 싶어하는 조정자들도 레닌주의자라고 해야 할 것이다. 다시 말해, 당신이 지적한 특징은 분명히 레닌주의자들의 공통점이지 그들과 다른 사람들의 차이점은 아니다.

우리의 목표가 자본주의, 인종 차별, 가부장제, 권위주의를 전복하는 것이 아니라 자본주의를 전복하는 것이라는 말은, 경제를 지나치게 강조하고 다른 모든 것은 별로 강조하지 않는 것 아닌가 하는 우려를 자아낸다.

당신은 운동이 "기존 사회 구조 변혁에 실제로 필요한 전략적 초점을 발전시키도록" 정당이 도와주어야 한다고 말한다. 이 말 ─ 단결된 조직이 유용한 통찰과 그 밖의 지원을 제공하려고 노력한다는 ─ 은 그럴듯하지만, 역시 레닌주의와 다른 견해들의 차이를 놓치는 듯하다. 한 가톨릭 신자가 가톨릭 신도들은 신에게 기도를 드린다고 말한다면, 그는 분명히 가톨릭 신자의 어떤 측면을 묘사하는 것이지 가톨릭 신자와 다른 사람들의 차이점을 묘사하는 것은 아니다.

당신은 우리가 "자본주의의 특징인 위계적·권위주의적 구조들을 재생산하지 않으면서" [소수 특권층에 — 앨버트] 맞서 조직해야 한다고 말한다. 그 말에 동의한다. 아나키스트나 페미니스트도 동의할 것이다. 그러나 그들은 레닌주의자가 아니며 나 또한 레닌주의자가 아니다. 그리고 레닌주의자들은 실천에서는 당신의 견해를 채택하지 않는 듯하다.

당신은 또 "혁명적 조직은 이데올로기적 응집력이 있어야 한다"고 말한다. 우리에게는 비전과 전략을 공유하는 운동이 필요하다는 데 동의하지만, 나는 또 우리 운동에 건강한 내부 논쟁이 필요하며 그런 논쟁이 없다면 운동은 분명히 정체할 것이라고 생각한다. 바람직한 응집력이 생겨나고 끊임없이 재충전되려면 당원들과 운동에 이런저런 견해를 강요하는 일사불란한 정당이 있어야 하는가? 당신이 그렇게 생각하지 않을 거라고 본다. 당연히 아닐 것이다. 그러나 바로 그렇게 다양성과 자율관리를 희생시키는 것이 레닌주의의 작동 방식이라고 생각한다.

"레닌주의자들은 이런 응집력을 확보할 수 있는 최상의 토대가 마르크스주의 전통이라고 생각한다." 당신은 여기서 내 문제들을 알고 있다. 나는 마르크스주의 전통이 인종·종교·성性·생태·권력 등의 문제를 그 자체로 이해하는 데 필요한 개념들을 제공하지 않는다고 생각한다(이 점은 마르크스주의를 보완할 필요성을 보여 준다). 또, 마르크스주의 전통은 조정자 계급의 존재를 부인하면서도 조정자주의를 만들어 내는 개념들을 우리에게 떠

넘긴다고 생각한다(이 점은 마르크스주의를 뛰어넘을 필요성을 보여 준다).

당신은 "민주적 중앙집권주의의 핵심은 결국 다수결 원칙을 엄격하게 적용하는 것이다"라고 말한다. 과연 그런가? 레닌이 정말 그렇게 했다고 생각하는가? 트로츠키도? 과거의 공산당들도? 그것이 사실이라 하더라도, 자율관리라는 더 유연한 논리가 있지 않은가?

당신이 속한 전통은 "민주적 중앙집권주의가 현재 운동이나 미래 사회의 조직적 모델이라고 생각하지 않는다"고 했다. 그렇다면 당신이 속한 소규모 전통의 염원은 레닌주의 운동이 마음대로 행동할 수 있는 수단을 갖게 되자마자 짓밟힐 것이다.

이렇게까지 하고 싶지는 않지만 ─ 왜냐하면 내가 강조하고 싶은 바가 아니기 때문이다 ─ 당신의 주장이 어떻게 다음의 인용문과 어울리겠는가?

레온 트로츠키는 노동자들이 사회를 지배하는 것은 "개별 기업의 경영 형태에서 …… 드러나는 것은 아니"라고 말했다. 즉, 트로츠키는 자신과 같은 중앙 경영자들이 "노동자들의 이익을 위해" 지배한다면 평범한 공장의 위계질서는 그대로 남겨 두어도 좋다고 생각했다.

트로츠키가 공장의 "1인 경영"을 옹호한 이유를 알려면 인간 본성에 대한 그의 냉소적 견해를 보기만 해도 된다. "인간이 노동에서 벗어나려 하는 것은 일반 법칙이다. 인간은 게으른 동물이다." 그렇다면 사회 최상층의 동지들이 때로는 자신들을 위해 "게으른 동물들"을 강압하는 것도 당연하다.

마지막으로, 트로츠키는 이렇게 덧붙였다. "가장 강력하고 가장 자주적이고 가장 창조적인 우리 경제 기구들이 내전 때문에 파탄 나지 않았다면 분명히 우리는 훨씬 더 빨리 훨씬 더 쉽게 1인 경영의 길로 들어섰을 것이다."

다시 말해, 트로츠키 숭배자들의 주장과 달리 그는 내전이 강요한 필요 때문에 마지못해 조정자 구조를 받아들인 것이 아니다. 그 자신이 그런 구조를 선호했기 때문이다. 이런 정서가 트로츠키의 조정자 의제에서 분명히 드러난다. 그가 말한 조정자 구조에서는 중앙의 경영자들이 "1인 경영자"를 임명하고 당연히 1인 경영자는 노동자들의 이익을 위해 "게으른 노동자들"을 지배한다.

레닌의 조정자 지향성은 다음과 같은 주장에서 분명히 드러난다. "공장의 모든 권위는 무조건 경영진에게 집중돼야 한다." 이런 논리에 따라 그는 다음과 같은 결론을 내렸다. "노동조합이 기업의 경영에 직접 개입하는 것은 완전히 해롭고 허용할 수 없는 것이다."

트로츠키는 인간 본성에 대한 냉소적 견해를 근거로 조정자주의를 정당화한 반면, 레닌은 기술적 필요를 근거로 들었다. "사회주의의 핵심적 생산 원천이자 토대인 대규모 기계 공업은 무조건

엄격한 의지의 통일을 요구한다. …… 엄격한 의지의 통일을 어떻게 확보할 수 있는가? 수천 명의 의지를 한 사람의 의지에 복종시키면 된다.”

트로츠키와 마찬가지로 레닌도 “한 사람의 의지”가 좋은 동기에서 비롯됐다면 그것으로 충분하다고 생각했다. 물론 스탈린은 이런 분석을 높이 평가했고 이것이 그의 앞길을 닦았다는 것이 내 생각이다.

레닌의 이기적인 분석을 받아들이지 않고 경제 정책에 대한 발언권을 더 많이 요구한 노동자들에게 그는 이렇게 호통 쳤다. “생산자 대회라니! 그게 도대체 무슨 말인가? 이렇게 어리석은 생각을 뭐라고 해야 할지 모르겠다. 나는 그들이 지금 농담하는 것인지 계속 자문해 봤다. 이런 사람들을 정말로 진지하게 대할 수 있을까? 생산은 항상 필요하지만 민주주의는 그렇지 않다. 생산의 민주주의 때문에 근본적으로 잘못된 생각들이 잇따라 나타나고 있다.”

자율관리를 옹호하는 사람이 이런 유산을 지지할 이유가 있을까 궁금하다.

두 번째 답변

알렉스 캘리니코스(2003년 12월 16일)

친애하는 마이클,

내가 제시한 평등주의적 정의 원칙에 대한 당신의 질문들에 대한 답변은 당신의 시작 글*(과 답변들)에 대한 내 논평에 담겨 있다. 그 논평이 당신의 혼란을 덜어 주었으면 좋겠다. 아래에서는 레닌주의, 전략, 국가자본주의 문제에 집중하려 한다.

1. 레닌주의란 무엇인가? 내가 설명한 레닌주의에 대한 당신의 답변은 사회주의에 대한 당신의 논평과 비슷하다. 즉, 당신은 내 설명과 모순되는 의미로 레닌주의를 규정할 뿐이다. 그래서 민주적 중앙집권주의의 핵심은 "다수결 원칙을 엄격하게 적용하는 것"이라는 내 말에 당신은 "과연 그런가? 레닌이 정말 그렇게 했다고 생각하는가? 트로츠키도? 과거의 공산당들도?" 하고 조롱 섞인 논평을 했다.

---

* 이 책 9쪽에 있는 "참여 사회와 변혁의 경로"를 말한다.

레닌과 트로츠키는 나중에 다시 살펴보겠다. 그렇지만 분명한 것은 내가 속한 레닌주의 전통은 1920년대 이래로 각국 공산당의 이론·실천과 경합해 온 레닌주의라는 것이다. 내 전통 ― 트로츠키주의 운동의 전통 ― 에 속한 사람들은 1936~1937년에 굴락*에서 단식 투쟁을 하다가 수천 명씩 학살당했다. 말 그대로, 내 전통과 모든 형태의 정설 공산주의 사이에는 피의 강물이 흐르고 있다. 당신은 내전 동안 볼셰비키가 자행한 대규모 폭력을 인용하며 반박할 수 있을 것이다(이 문제는 조금 뒤에 다루겠다). 그럼에도, 마르크스주의나 더 일반적으로는 사회주의(그리고 아나키즘도?)와 마찬가지로 레닌주의를 서로 경합하는 전통이 아니라 획일적인 교의와 실천의 체계로 제시하는 것은 온당치 않다.

내 견해를 거듭 말하자면, 내가 지지하는 레닌주의는 대중이 스스로 조직화하는 민주적 형태들과 완전히 일치하지는 않지만 자기 해방의 승리를 위해서는 꼭 필요한 것이다. 당신은 이것이 입증할 수 없는 주장이라고 말하지만, 나는 그렇게 생각하지 않는다. 역사는 우리 둘 중 누가 옳은지 보여 줄 것이다.

2. 오늘날의 전략 : 당신은 "레닌주의의 기본 사상은 혁명적 사회주의 관점을 공유하는 좌파들이 자본주의 체제 전복이라는 사상으로 다수를 설득하려면 공동의 조직을 만들어야 한다는 것"

---

* 옛 소련의 강제 노동수용소.

이라는 내 주장을 무시하며 이렇게 논평했다. "사회주의자라는 말을 당신처럼 사용하면 대다수 아나키스트도 레닌주의자라고 해야 할 것이다. 나도 레닌주의자라고 해야 할 것이다." 이것은 너무 성급하다. 마치 당신이 이 논쟁에서 지금 운동이 직면한 전략적 문제들을 대체로 간과해 온 것과 비슷하다.

나와 마찬가지로 당신도 급진적 해방 프로젝트로 다수를 설득하는 방법을 고민한다고 알고 있다. 그러나 모든 아나키스트가 당신과 같은 고민을 하는 것은 아니다. 오늘날 유럽의 반자본주의 운동에서 활동하는 많은 반反레닌주의자들은 분명히 그렇지 않다(토니 네그리와 이탈리아 디소베디엔티의 영향 때문에 그들은 요즘 자신들을 아나키스트나 리버테리앤[자유지상주의적] 사회주의자가 아니라 자율주의자라고 부른다).

내 경험에 따르면(나는 런던에서 열릴 차기 유럽사회포럼을 조직하는 광범한 연합에서 활동한 최근의 경험을 바탕으로 이 글을 쓰고 있다), 많은 자율주의자들은 다수를 획득하는 문제에 전혀 관심이 없다. 그들은 노동조합을 적대시하는 것을 원칙으로 삼고 있는데, 이는 노동계급 대중을 노골적으로 경멸하는 태도와 맞물릴 수 있다(여기서 당신이 말한 운동 내의 '조정자적' 태도는 정곡을 찌른 것이다). 이런 태도는 운동을 기존 활동가들의 주체성이 표현되는 것이라고 여기는 생각에 의해 합리화되고, 이것이 이번에는 원칙이나 결과를 전혀 고려하지 않고 과정에 집착하는 태도를 정당화한다. 실천에서 이것은 운동을 진전시키는 데 별로 관심이 없는 극소수의 합의를 통한 의사 결정 조작으로 이어질 수 있다. 즉, 극소수가 다른 사람들을 모두 인질로 삼을 수 있는 것이다.

하트와 네그리가 그토록 영향력 있는 이유 가운데 하나는 ≪제국≫이 아주 추상적이고 외관상 심오한 철학적 언어를 사용한다는 것이다. 그런 언어는, 특히 "노동"과 "착취" 같은 개념들을 너무 확장해서 거의 무의미한 용어로 만들어 버린다. 내가 말한 혁명적 실천뿐 아니라 지금 당장 해방된 사회를 만들고 있는 실천들을 표현하는 데도 사용될 수 있는 개념들을 말이다. 그러나 놀라운 것은, 현실에서 이런 태도가 흔히 프랑스의 베르나르 카상 같은 운동 내 우파들의 태도와 아주 가깝다는 것이다.

유럽에서 이 우파들이 "대항-권력" 따위의 말을 아주 즐겨 사용하는 이유는 운동을 실제적이거나 잠재적인 사회민주주의 정부한테서 토빈세 같은 정책을 끌어내는 압력 집단쯤으로 여기기 때문이다. 많은 자율주의자들과 마찬가지로 그들도 사회포럼을 순수한 "토론 공간"으로 유지하고 싶어 하지, 2월 15일 국제 반전 시위의 발판을 제공한 피렌체 유럽사회포럼이나 포르투알레그레 세계사회포럼 같은 동원 수단으로 만들기 싶어 하지 않는다.

따라서 내 레닌주의 개념이 단순히 진부한 것이라고는 생각하지 않는다. 자본주의가 착취하고 억압하는 사람들을 훨씬 더 광범하게 끌어들이려 하는 역동적인 동원 과정을 통해 운동을 건설해야 한다는 생각은 운동 내 우파와 자칭 극좌파 둘 다의 강력한 도전을 받고 있다. 물론 이런 생각을 받아들이기 위해 굳이 레닌주의자가 될 필요는 없다. 내가 이미 주장했듯이, 이런 생각을 받아들이는 당신 같은 아나키스트를 포함해 비교적 광범하고 이질적인 좌파가 존재한다. 그러나 내가 주장하고 싶은 것은, 나와 같은 전통을 가진 레닌주의자들은 비교적 집중적으로, 그리고 전략적 방향에 따라 이런 태도를 추구한다는 것이다. 나는 이것이 혁명적 마르크스주의 전통과 민주적 중앙집권주의 조직의 영예라고 믿는다.

3. 볼셰비즘과 국가자본주의 : 그러나 이 전통의 핵심 인물이라고 내가 인정한 사람들의 끔찍한 말과 행동을 생각할 때 어떻게 레닌주의자를 자처할 수 있겠는가 하고 당신은 항의한다. 이 점을 강조하려고 당신은 트로츠키의 일부 끔찍한 저술들을 주로 인용한다. 내가 일일이 찾아 볼 시간은 없었지만, 그런 저술들은 아주 익숙하다. 아마 《테러리즘과 공산주의》(1920년)나 1920~1921년 볼셰비키 당 내 논쟁 때 노동조합이 국가에 완전히 종속돼야 한다고 주장한 트로츠키의 글에서 인용한 것인 듯하다(덧붙여 말하자면, 그 논쟁에서 레닌은 비록 소비에트에서 기원했더라도 "관료적 변형"을 겪고 있는 국가의 노동자들은 자신들을 방어할 독자적 조직이 필요하다고 주장하면서 트로츠키의 주장을 강력히 반대했다).

나는 트로츠키의 말을 옹호할 생각이 전혀 없다. 《테러리즘과 공산주의≫는 지독한 책이다. 그런데도 어떻게 내가 레닌주의 자일 뿐 아니라 트로츠키주의자이기도 하다고 할 수 있는가? 왜 나하면 트로츠키가 ≪테러리즘과 공산주의≫를 썼다고 해서 그가 40년 넘게 혁명적 사회주의자로서 이룩한 성과가 모두 허물어지지는 않기 때문이다. 더 구체적으로는, 트로츠키 자신이 탄생에 한몫한 국가의 손에 그가 죽었기 때문에, 그리고 수많은 사람들과 달리 당황한 피해자가 아니라 스탈린주의의 사회적 뿌리를 찾으려는 진지한 노력을 포함해 기본적 원칙을 고수한 명민한 적대자였기 때문이다. ≪10월의 교훈≫, ≪배반당한 혁명≫을 비롯해 트로츠키의 수많은 정치 저작 ― 예컨대, 독일에서 국가 사회주의의 발흥을 다룬 글들 ― 에는 내가 기꺼이, 정말이지 자랑스럽게 옹호하고 싶은 주장이 아주 많다.

이것이 강조하는 바는 트로츠키 ― 와 레닌 ― 에 대한 진지한 평가의 핵심은 그들을 엄청난 역사적 비극의 주인공으로 나름대로 급진적 해방 프로젝트를 추구한 결과가 자신의 의도와는 사뭇 다른 정치 지도자들로 다뤄야 한다는 것이다. 그 결과 때문에 트로츠키는 파멸했고 레닌은 의식이 남아 있는 마지막 몇 달 동안 자신이 탄생에 한몫한 괴물에 맞서 필사적으로 투쟁해야 했다. 그렇다면 여기서 세 가지 문제가 제기된다.

(1) 그 결과가 그들의 정치적 프로젝트에 처음부터 포함돼 있었는가?

(2) 그 결과 발생에 기여한 그들의 조처들 — 적색 테러, 경제적·정치적 권력 집중의 일반화, 사회적 관계들의 군사화 등등 — 은, 적어도 대부분, 해체 중인 농업 중심 사회에서 반反혁명 세력에 저항할 필요성 때문에 불가피했는가?

(3) 질문 (2)에 대한 대답이 "그렇다"라고 하더라도, 레닌과 트로츠키, 다른 볼셰비키 지도자들은, 당신의 인용문이 예증하듯이 실제로는 혁명 정권을 강화하는 과정에서 실용적으로 발전한 관행들을 이론적으로 합리화하면서 어차피 해야 할 일(그들이 보기에)을 묵묵히 한 것인가?

지금 나는 이런 문제들에 대한 우리 둘의 대답이 같지 않을 것임을 충분히 잘 알고 있다(내 대답은 (1)에 대해서는 "아니다", (2)와 (3)에 대해서는 "그렇다"이다). 그럼에도, 이런 질문에는 역사적 결과를 발생시키는 과정에서 객관적 상황과 주관적 계획이 각각 어떤 구실을 하는가 하는 더 일반적인 문제가 함축돼 있다. 레닌주의에 대한 우리의 견해 차이 하나는 스탈린주의의 등장에서 이 두 요인이 차지하는 상대적 비중을 다르게 평가한다는 것이다. 당신은 볼셰비키의 정치적 의도를 더 중요하게 여기지만, 나는 역사적 상황을 더 중시한다. 그러나 우리는 객관적 상황의 특징에 대해서도 견해가 다르다.

당신은 스탈린주의가 조정자 계급의 승리이며, 그들의 "의제" 는 당신이 인용한 트로츠키의 구절들에 잘 나타나 있다고 생각한다. 사회학적으로 이것은 전혀 설득력이 없다. 볼셰비키는 1917년 혁명 당시 압도적으로 노동계급의 정당이었다. 1930년대 "스탈린 혁명"에 대해 우리가 뭐라고 말하든(나는 오히려 반혁명이라고 부르고 싶지만), 그것은 엄청난 사회적 이동의 엔진이었다. 왜냐하면 공업화와 혹심한 공포정치가 청년 노동자와 농민 수십 만 명을 관리직으로 만들었기 때문이다. 물론 1920년대 초에 권력의 관료적 구조들이 등장한 뒤에는 그런 구조들을 유지·강화하는 데 강력한 사회적 이해관계가 작동하게 됐다. 그러나 이것만으로는 1930년대에 소련이 겪은 거대한 경제적·사회적 격변을 설명할 수 없다고 생각한다.

올바른 설명을 위해서는 자본주의의 특징을 어떻게 파악할 것인가 하는 문제로 돌아가야 한다. 내가 스탈린주의 사회들을 국가자본주의로 묘사하기를 고집하는 것은 마르크스주의의 이론적 빈곤을 반영하는 것이라고 당신은 주장한다. 우리는 오직 자본주의와 사회주의라는 개념만 갖고 있다는 것이다. 이것은 사실이 아니다. 전前자본주의 생산양식에도 이론적·역사적으로 정교한 노동이 아주 많았다. 그러나 어쨌든 자본주의에는 두 가지 명백한 특징이 있다는 것이 내 주장이다. 노동력과 생산수단의 분리, 그리고 경쟁 자본들 간의 경쟁적 투쟁이 강요하는 자본축적이 그것이다.

1930년대에 옛 소련에서는 직접 생산자들과 생산수단의 분리가 대규모로 진행됐다. 야만적으로 토지에서 쫓겨난 농민 수백만 명이 임금노동자가 돼 새로운 공업으로 몰려들었다. 그리고 이 과정의 원동력은 무엇이었는가? 스탈린 자신의 유명한 연설(1930년)이 그 해답이다. 다른 열강들을 동등한 조건에서 대면하는 데 필요한 군사기술을 제공할 공업 기반을 구축해서 10년 안에 서방을 경제적으로 따라잡아야 한다는 것. 경쟁 — 이 경우에는 군사적 경쟁 — 이 옛 소련에 자본축적 동학을 강요했고 그것은 그 뒤 50년 동안 지속됐다.

당신이 이런 설명을 거부하는 이유는, 무엇보다, 사적 소유와 경쟁 시장을 자본주의 경제 관계에 필수적인 조건이라고 생각하기 때문이다. 그렇다면 당신은 서방에서, 특히 오늘날의 미국에서 지정학적 경쟁과 고도로 국가화한 군산복합체가 하는 엄청난 구실을 설명하는 데 곤란을 겪을 것이다.

이런 중요한 차이들과 무관하게, 우리 둘 다 스탈린주의 같은 것이 다시는 나타나지 않기를 바란다. 20세기 역사의 우여곡절을 보면 그런 것이 절대로 나타나지 않을 것이라고 말할 수 없다. 우리가 할 수 있는 것은 최대한 광범한 기반을 바탕으로 민주적으로 조직되고, 사회적으로 강력하며, 이론적으로 자기의식적이고, 국제적으로 단결한 반자본주의 운동을 건설하기 위해 협력하는 것뿐이다. 내가 강조하려던 전략 문제가 그토록 중요한 이유는 바로 그 때문이다.

세 번째 논평

마이클 앨버트(2003년 12월 17일)

알렉스,

폭력 충돌의 문제에서조차 당신의 정당[영국 사회주의노동자당]은 다른 레닌주의 정당들과 달랐다는 데 동의한다. 그리고 우리 둘 다 레닌주의를 자의적으로 규정해서는 안 된다는 데도 동의한다. 우리는 레닌주의자들과 다른 좌파들의 차이가 무엇인지, 그리고 모든 레닌주의자들이 널리 공유하는 것이 무엇인지도 살펴봐야 한다.

"다수결 원칙을 엄격하게 적용하는 것"이 그런 필요조건을 충족한다고 생각하지 않는다. 아마 더 좋은 공통분모는 마르크스주의 분석의 수용과 민주적 중앙집권주의와 이런저런 사회주의 경제 비전의 옹호를 모두 합친 것일 것이다.

레닌주의에 대한 우리의 견해 차이를 인정해야 한다는 데 동의하지만, 사회주의노동자당이나 다른 트로츠키주의 정당이 혁명적 상황의 압력을 받아 경제적 조정자 체제와 정치적 권위주의를 모두 옹호할지 어떨지를 판단하는 데 역사가 도움이 될지 의심스럽다. 왜냐하면 그런 정당이 선진 공업국에서 권력을 장악할 것 같지는 않기 때문이다. 오히려 그런 곳에서 승리하려면 다면적 운동이 필요할 것이다. 그런 운동은 인종·성·계급·권력에 일차적으로 주목하는 운동이고 대규모 변화를 쟁취하기 전前에도 독자적인 자율관리 기반을 구축하는 등 매우 반反권위주의적인 운동이다.

일부 좌파들이 대중에게 다가가기를 거부한다는 당신 말은 옳다. 그럼에도, 더 커다란 운동을 건설하려는 의욕이 정말로 레닌주의의 특징이라면, 역사 속의 아나키스트들도 대부분 그런 특징에 부합할 것이고 크로포트킨과 골드만 같은 사람들도 마찬가지일 것이다. 이렇게 말한다고 해서 현재 운동이 직면한 문제들을 간과한다는 것은 아니다. 물론 다수의 필요성을 이해하는 것도 그런 문제 중 하나이지만, 인종·성·계급에 주목하면서도 그중 하나를 다른 것들에 종속시키지 않는 것, 매우 광범하게 접촉할 수 있는 다양한 수단을 발굴하는 것, 사람들이 금방 들어왔다가 나가지 않고 계속 회원으로 남아 있게 하는 방법을 찾아내는 것, 우리를 유지·강화해 주고 미래의 제도들을 예고·준비하는 기반을 구축하는 것, 단일 쟁점에 매몰되지 않으면서도 단일 쟁점들에 주목하는 것, 개혁주의자가 되지 않으면서도 개혁을 획득하는 것, 종파주의자가 되지 않으면서도 전략적 사고를 하는 것, 조정자 계급이 되지 않으면서도 자본주의에 반대하는 것 등도 현재 운동이 직면한 문제들이다. 그러나 이 모든 것과 관련해서, 우리가 던져야 하는 질문은 레닌주의 공식이나 트로츠키주의 공식 또는 이 문제에 관한 한 마르크스주의 공식이 그런 문제들을 다루는 데 도움이 되느냐 아니면 방해가 되느냐 하는 것이다.

우리 논쟁에서는 지엽적인 문제이긴 하나 당신이 제기했으므로 대답하는데, 나는 세계사회포럼 전체가 행동 프로그램이 될 수는 없다고 생각한다. 왜냐하면 세계사회포럼에는 서로 모순되는 견해가 너무 많기 때문이다. 그러나 세계사회포럼은 사람들이 만나고 서로 배우는 공간일 뿐 아니라 세계사회포럼 전체가 채택하지는 않지만 일부 집단이 추구하는 공통의 프로그램을 만들어 내고 서로 동맹하는 공간도 될 수 있고 또 돼야 한다고 생각한다.

전략적 사고가 중요하다는 데 동의하지만, 레닌주의자들의 전략적 사고 가운데 일부는 오히려 전략의 문제를 어렵게 만드는 듯하다는 말을 하지 않을 수 없다. 하찮게 여기거나 무시하려는 의도는 없지만, 레닌주의 정당들을 보면 다른 사람들에게 신문을 판매하면서도 남들이 자신을 완전히 경멸한다는 사실조차 깨닫지 못하거나 인간적 관계를 무시한 채 순전히 기계적으로 신문을 판매하는 사람들의 이미지가 떠오른다. 나는 수십 년 동안 이런저런 마르크스-레닌주의ML 조직들을 봤고, 그들의 신문은 물론 각종 노선 등등도 지켜봤다. 흥미로운 점은, 레닌주의 조직의 회원들도 대부분 다른 조직의 실천을 볼 때는 나와 마찬가지로 생각한다는 것이다.

내가 영국에서 연설하고 있을 때, 나에게 신문을 판매하려던 사회주의노동자당 사람들을 보면서 그들이 어떻게 당신과 똑같은 조직에 있을 수 있는지 계속 궁금했다. 진지하게 하는 말이므로 한번 심사숙고해 보기 바란다. 레닌주의 정당과 트로츠키주의 정당의 기층 당원들에게서 이렇게 로봇 같은 형식과 내용이 나타나는 것은 유전이나 고질적인 개인적 특성 때문이 아니라 기층 당원들의 실천에 뭔가 문제가 있기 때문이다. 반면에 당 기구 상층의 다른 당원들은 로봇 같은 문제는 없지만, 권력과 가깝기 때문에 권위주의 문제가 있다.

우리 둘의 커다란 차이 가운데 하나는 당신은 최악의 유산이 모두 스탈린에서 비롯한 것으로 보려 한다는 것, 그리고 트로츠키가 스탈린에 반대했기 때문에 트로츠키는 죄가 없다고 생각한다는 것이다. 내가 보기에, 혁명 직후 스탈린이 아니라 레닌과 트로츠키가 지도한 볼셰비키가 러시아의 상향식 운동들을 없앴다. 그리고 그 볼셰비키는 끔찍하게 억압적이어서 내가 거부하는 경제와 정치 체제를 강요하기도 했다. 물론 레닌과 트로츠키가 의도한 것은 스탈린주의의 득세가 아니었다. 그러나 그들이 떠난 뒤에 남은 것은 조정자 경제와 권위주의 국가였다. 앞서 내가 인용한 것 가운데 일부가 그 증거다. 더 많은 증거도 쉽게 찾을 수 있을 것이다.

아마 내가 레닌주의와 트로츠키주의를 "맹목적으로" 거부하기 때문에 레닌주의와 트로츠키주의를 정당화하거나 그들의 행위를 합리화하는 상황의 복잡한 측면을 놓치고 있는지도 모르겠다. 아니면 당신이 레닌주의와 트로츠키주의를 "맹목적으로" 정당화하기 때문에 그들의 행동을 끔찍한 것으로 만드는 또 다른 복잡한 측면을 놓치고 있는지도 모른다. 우리가 지금 당장 이 문제를 해결할 수는 없다.

그러나 오늘날 우리에게 유효한 몇 가지 점에 대해서 우리는 동의할 수 있지 않을까? 운동과 정당들이 인종 · 성 · 계급 · 권력을 강조하면서도 각각을 그 자체로 이해하고 그 상호작용도 파악하는 등 다양한 초점을 가져야 한다는 데 동의할 수 있지 않을까? 운동이 미래의 경제와 사회뿐 아니라 현재의 제도에도 자율관리를 반영하는 일에 전념해야 한다는 데 동의할 수 있지 않을까? 우리가 다수의 운동을 건설하려면 광범하게 접촉해야 한다는 것과, 우리가 건설해야 하는 운동의 구조, 문화, 스타일, 분업, 의사결정 방식은 인종 · 성 · 계급 위계제의 밑바닥에 사람들에게 맞이야 하고 그들에게 권한을 부여하는 것이어야 한다는 데 동의할 수 있지 않을까? 그리고 우리 운동이 현존하는 것을 비판할 뿐 아니라 연대 · 정의 · 다양성 · 효율성 · 평등 · 자율관리를 명시하는 제도적 비전도 제시해야 한다는 데 동의할 수 있지 않을까?

그리고 마지막으로, 참여 경제가 실행 가능하고 제대로 작동한다면 그런 경제적 기준을 충족시킬 수 있다는 데도 동의할 수 있지 않을까?

당신은 다음과 같이 말했다. "레닌주의에 대한 우리의 견해 차이 하나는 스탈린주의의 등장에서 이 두 요인[객관적 상황과 주관적 계획]이 차지하는 상대적 비중을 다르게 평가한다는 것이다. 당신[마이클]은 볼셰비키의 정치적 의도를 더 중요하게 여기지만, 나[알렉스]는 역사적 상황을 더 중시한다." 그러나 나는 개념적·제도적 헌신이 핵심 요인이라고 생각하는 것만큼 주관적 의도가 핵심 요인이라고 생각하지는 않는다. 소비에트를 파괴한 결과를 미리 알 수 있었다면 아마 대다수 볼셰비키는 겁에 질렸을 것이다.

물론 의도는 중요하다. 그러나 그런 의도가 생겨난 상황이 있을 것이고, 내가 보기에 볼셰비키가 처한 상황은 러시아나 세계의 상태만은 아니었다. 마찬가지로 중요하거나 훨씬 더 중요한 것은 당시 운동이 채택한 제도들과 운동이 사용한 개념들이었다. 당시 러시아에는 볼셰비키 지도부와는 사뭇 다른 의제를 가진 세력들이 많았다. 그중에는 아나키스트들과 농민운동도 있었고, 볼셰비키 당 자체의 기층 활동가 다수도 있었다. 그러나 지도부는 모든 기층 민중과 사뭇 다른 객관적 상황에 처해 있었다. 주된 이유는 볼셰비키 지도부의 개념 틀과 조직적 구실·조건이 달랐기 때문이다.

당신은 다음과 같이 말했다. "당신[마이클]은 스탈린주의가 조정자 계급의 승리이며, 그들의 '의제'는 당신이 인용한 트로츠키의 구절들에 잘 나타나 있다고 생각한다." 나는 결코 그렇게 말한 적이 없다. 우리의 토론 주제가 스탈린주의라고 생각하는 사람은 내가 아니라 당신이라고 말하고 싶다. 나는 답변에서만 스탈린주의를 다뤘다. 나는 우리가 이해해야 하고 피해야 하는 문제는 스탈린의 중요한 구실보다 더 앞선 시기의 문제라고 생각한다. 혁명 러시아에 스탈린의 정부가 아니라 의회 민주주의 정부가 들어섰다 하더라도 나는 여전히 그 경제 체제를 반대할 것이다.

혁명 후 러시아에 조정자 계급이 정말로 부족했다는 것에 동의한다. 왜냐하면 당시 러시아는 충분히 발전하지 못해서 그들이 인구의 20퍼센트를 차지할 만큼 성장하지는 못했기 때문이다. 그 공백을 채운 것은 정치 관료 집단이었다. 다시 말해, 스탈린주의는 사악한 개인이 만들어 낸 현상이 아니다. 권위주의적 일당 국가와 더불어 조정자 경제가 생겨났음에도 조정자 경제의 공백을 채울 조정자 계급이 없을 때 스탈린주의가 출현하는 경향이 있다. 그리 되면 집권당은 대체로 존재하지 않는 계급을 대리하고, 따라서 그 당의 간부들은 정치 형태뿐 아니라 경제 체제도 운용하게 된다.

그럼에도, 우리가 선택한 이름이 무엇이든 그리고 그것을 뭐라고 정의하든 우리가 "최대한 광범한 기반을 바탕으로, 민주적으로 조직되고, 사회적으로 강력하며, 이론적으로 자기의식적이고, 국제적으로 단결한 반자본주의 운동[거기다 나는 여성차별·인종차별·권위주의에 반대하는 운동을 덧붙이고 싶다 — 마이클]을 건설하기 위해 협력"할 수 있다면, 우리 둘의 견해 중 어느 것이 선택될지는 앞으로의 경험이 좌우할 것이라는 당신의 말은 옳다. 향후의 과정을 보며 우리 둘 다 크게 기뻐하기를 바란다. 누구의 견해가 더 타당한 것으로 밝혀지든, 심지어 우리가 전혀 알지 못하는 견해들이 가장 타당한 것으로 밝혀지더라도 말이다.

마치는 글

알렉스 캘리니코스(2003년 12월 25일)

친애하는 마이클,

1. **요약** : 이 논쟁을 마치면서 우리가 전보다 더 가까워졌는지 아니면 더 멀어졌는지를 밝히는 것이 이 마치는 글의 구실이라고 생각한다. 몇 가지 측면에서 내가 느낀 바는, 가장 중요한 많은 문제에서 우리가 아주 다르지 않다는 이전의 내 인상이 옳았다는 것이다. 예컨대 다양한 가치의 수준 문제가 그렇다. 이 문제에서 아마 우리의 가장 큰 차이는 내가 포괄적인 평등주의적 정의 개념(그에 따른 구체적 분배 방식과 제도들까지 포함해서)을 정식화할 수 있다(적어도 원칙적으로는 그렇다는 것이지 내가 그렇게 했다는 말은 아니다)고 생각한다는 점일 것이다. 이 점에 대해서 당신은 회의적인 듯하지만, 나는 이 때문에 얼마나 많은 실천적 차이가 있을지는 잘 모르겠다.

다른 중요한 공통점들도 있다. 우리 둘 다 자본주의 체제의 대안을 추구하는 혁명가들이다. 더욱이, 우리는 이런 대안의 내용이 생산자·소비자 평의회의 자율관리, 분권적 네트워크라는 것에 대해서도 견해가 비슷하다. 나는 참여 계획의 정확한 형태에 대해서 몇 가지 의문이 있고, 당신이 그 문제에 대해서 약간 모호하거나 답변을 회피하는 듯하다고 생각하지만, 그것이 중대한 문제라고 보지는 않는다. 비非시장적이고 민주적인 현대 사회에서 경제적 조정과 관련된 복잡한 문제들은 허심탄회하게 토론할 필요가 있고, 이를 통해 서로 명확해져야 한다. 내가 모종의 중앙집권적 명령 경제를 위해 참여 경제를 쓰레기 취급하는 것 아닌가 하는 두려움 때문에 내 질문에 신중하게 답변한 듯하지만, 나는 그런 의도가 전혀 없었다.

물론 자본주의 이후의 삶에는 경제 계획 방식 말고도 훨씬 더 많은 문제가 있다. 우리는 혁명을 정치 과정으로 논의하지 않았다. 그렇게 했다면 아마 더 많은 견해 차이가 드러났을 것이다. 특히, 우리는 자본주의가 국가들의 체계를 포함한다는 것을 고려해야 한다. 그 체계의 구체적 동학 — 지정학적 경쟁에서 핵심적인 — 때문에 인류는 엄청난 대가를 치르고 있고 커다란 위험에 처해 있다. 정설 마르크스주의자인 나는 국가 없는 세계를 추구하면서도 국가가 존재하는 한은 국가를 무시할 수 없다고 생각한다. 이것이 뜻하는 바는 국민국가(나 유럽연합 같은 국가 간 기구)에 뭔가를 요구할 준비가 돼 있어야 한다는 것, 투쟁의 직접적 목표는 구체적 개혁을 확보하는 것이지만 투쟁의 논리가 체제에 대한 도전으로 발전할 수 있는 운동을 건설할 준비가 돼 있어야 한다는 것이다. 그리고 ― 우리가 체제와 대결할 때는 ― 국가의 중앙집권적 강제력에 맞설 수 있는 전략이 필요하고, 세계의 일부 지역에서 국가권력을 무너뜨리기 시작한 뒤에는 갓 태어난 대안 사회를 보호할 수 있는 전략이 필요하다. 비판적이면서도 개방적인 태도를 취한다면, 혁명적 마르크스주의 전통은 이 모든 주제에 대해서 많은 것을 알려 줄 수 있다는 것이 내 생각이다.

2. **부당한 주장** : 이 문제들을 제기할 때 나는 당연히 우리의 최대 차이점, 즉 레닌주의를 다루는 데서 시작했다.(덧붙여 말하자면, 당신의 주장과 달리 나는 레닌주의가 아니라 민주적 중앙집권주의를 "다수결 원칙을 엄격하게 적용하는 것"과 등치시켰다. 당신이 레닌주의를 "마르크스주의 분석의 수용과 민주적 중앙집권주의와 이런저런 사회주의 경제 비전의 옹호를 모두 합친 것"이라고 규정해서 무척 기쁘다.)

마치는 글에서는 서로 상대방에게 답변하지 않기로 한 것을 알고 있지만, 당신의 마지막 답변에 나오는 다음과 같은 구절을 그냥 지나칠 수는 없다.

"내가 영국에서 연설하고 있을 때, 나에게 신문을 판매하려던 사회주의노동자당 사람들을 보면서 그들이 어떻게 당신과 똑같은 조직에 있을 수 있는지 계속 궁금했다. 진지하게 하는 말이므로 한번 심사숙고해 보기 바란다. 레닌주의 정당과 트로츠키주의 정당의 기층 당원들에게서 이렇게 로봇 같은 형식과 내용이 나타나는 것은 유전이나 고질적인 개인적 특성 때문이 아니라 기층 당원들의 실천에 뭔가 문제가 있기 때문이다. 반면에 당 기구 상층의 다른 당원들은 로봇 같은 문제는 없지만, 권력과 가깝기 때문에 권위주의 문제가 있다."

이것은 상당히 부당한 주장이라고 생각한다. 이 주장의 이면에 있는 것은 "로봇 같은" 획일적인 대중과, 더 민감하지만 지배욕에 따라 움직이는 지식인들 사이의 대조다. 이것은 적어도 도스토예프스키의 《대심문관》 이후 자본주의에 대한 집산주의적 대안을 쓰레기 취급할 때 사용됐던 대조다. 마르크스의 공산주의 개념에서 독특한 것 중 하나는, 연대를 바탕으로 하는 사회는 개성을 억압할 필요가 없다 ― 사실, 그래서는 안 된다 ― 는 주장이다. 혁명적 사회주의 정당은 자신이 염원하는 미래 사회를 단순히 반영할 수 없다. 왜냐하면 그런 미래 사회는 현재 사회에 반대하는 투쟁을 통해 형성되기 때문이다. 더욱이, 당신이 "기층" 사회주의노동자당 당원이라고 부르는 사람들은 로봇이 아니다. 그들은 영국 전역의 작업장, 지역사회, 각급 대학교에서 자본주의에 맞서 효과적인 저항 운동을 건설하고자 함께 조직하는 활동가들이다.

내 기억으로는, 올해 초에 당신이 연설한 곳 가운데 하나가 브리스틀이었다. 며칠 전에 나는 브리스틀에서 고참 사회주의노동자당 당원 한 명을 만났다. 그는 글로스터 근처에서 활동하는데, 몇 주 전 글로스터에서는 아시아인 지역사회를 겨냥한 경찰의 대규모 "반反테러" 작전이 벌어졌다. 그 때문에 일부 사람들은 자기 집을 떠나야 했고 무슬림 청년 한 명이 구속됐다. 인종차별과 전쟁에 반대하는 활동 때문에 지역사회에서 존경받는 유명 인사였던 그 사회주의노동자당 당원은 시급히 대규모 항의집회를 조직했다. 그 집회에는 아시아인 600명 — 그 지역 주민의 10분의 1 — 이 참가했고, 이 때문에 그 지역 출신 노동당 국회의원도 집회에 참가해야 했고 그 집회는 중앙 언론에 보도될 수 있었다.

이 특별한 사회주의노동자당 당원은 예외가 아니다. 그와 비슷한 사람들이 영국 전역에는 수천 명 넘게 있다. 올해 런던의 대규모 반전 시위들 — 플래카드와 배너를 들고 줄지어 행진하는 수많은 사람의 모습이 담긴 사진들을 통해 불멸의 명성을 얻은 — 은 우연히 벌어진 것이 아니다. 영국 전역의 활동가들이 그 시위들을 조직했다. 사회주의노동자당은 그런 활동가들 중 소수였을 뿐이지만, 영국 반전운동에 참가한 대다수 사람들은 사회주의노동자당이 중요한 구실을 해 왔음을 인정할 것이다. 여기서 드러난 중앙집권적 영향력은 당신이 열거한 바로 그 특징들 — 마르크스주의적 분석, 민주적 중앙집권주의 조직, 사회주의적 비전 — 에 포함

될 수 있다. 〈소셜리스트 워커Socialist Worker〉를 판매하는 것은 동일한 과정의 일부다. 이를 통해 우리는 활동에서 만난 사람들과 정치적 대화를 규칙적으로 할 수 있다. 물론 신문 판매가 서투를 수도 있고 심지어 로봇 같을 수도 있지만(나는 신문 판매에 서툴기로 유명하다), 당신이 사회주의 신문 판매자들을 경멸한 것은 그들보다는 당신의 이미지를 더 나쁘게 만들 뿐이다.

물론 혁명적 사회주의 조직에도 문제점 — 종파주의적 적대감, 사소한 권위주의, 이견 억압 — 은 있고, 나는 사회주의노동자당이 항상 그런 문제들을 피해 왔다고 주장하지도 않는다. 그러나 그런 문제가 레닌주의자들에게만 독특한 것인가? 내가 아나키스트 운동을 관찰한 — 물론 멀리서 — 바에 따르면, 아나키스트 운동에서도 이런 특징들을 찾아볼 수 있다고 의심할 만한 사례가 충분히 많았다. 이것은 놀라운 일이 아니다. 17세기 영국 청교도 혁명, 특히 스튜어트 왕가 복귀 이후의 사건들을 다룬 크리스토퍼 힐의 저작을 읽어 보면, 매우 비슷한 행동 방식들을 볼 수 있다. 그것은 세계 변혁의 염원을 갖고 있으나 주변화되고 위축돼 정치적 타당성을 잃어버린 혁명적 운동들의 특징이다.

시애틀 시위 이후 우리는 급진적 사상이 현실의 운동과 관계 맺기 시작한 상황에 직면했다. 어려웠던 시절 우리 몸에 밴 잘못된 습관들을 버리는 한편, 자본주의에 저항하기 시작하는 새 세대와 관계 맺는 것은 모든 혁명가들 — 단지 레닌주의자들만이 아니라 ― 의 과제다. 그러나 과거에서 물려받은 이런 습성이 여전히 남아 있다고 해서 특정 부류의 혁명가들과는 관계 맺을 수 없다 ― 특히, 우리가 분명히 관계 맺고 있는데도 ― 고 주장하는 것은 구차한 핑계 거리일 뿐이다.

3. **재앙을 피하기** : 물론 레닌주의를 둘러싼 모든 논쟁은 스탈린주의 문제를 함축하고 있다. 당신은 이런 식으로 문제를 제기하는 것을 좋아하지 않는다. 그러나 말장난을 하려는 게 아니다. 문제는 아래로부터의 자기 해방 사상으로 시작된 혁명이 폭압적 괴물로 변하지 않도록 막을 방법은 무엇인가 하는 것이다. 내가 이해하기로는, 당신의 주장은 자본주의의 계급 구조는 셋 ― 자본가들, 노동자들, 조정자들 ― 이라는 것이다. 따라서 "자본주의 이후의 경제 형태는 둘"이다. 즉, 노동자들이 통제하거나 아니면 조정자들이 그럴 수 있다는 것이다. 흔히 조정자들이 선도하는 대중운동에 참여하는 대다수는 더 진정한 해방을 추구한다.

이 논쟁에서 배운 게 하나 있다. 당신이 균형 잡힌 직업군을 그토록 강조한 이유를 더 잘 이해하게 됐다는 것이다. 나는 균형 잡힌 직업군이 흥미로운 아이디어라고 생각했다. 왜냐하면 복잡한 전문화를 요구하는 현대 경제의 필요와 개인의 자아실현을 조화시키고, 해방된 사회에서 누가 힘들고 더러운 일을 할 것인가 하는 난제를 다루기 때문이었다. 균형 잡힌 직업군은 이 모든 기능을 함으로써 특권층 조정자 계급이 자치평의회 안에서 뿌리를 내리고 자치평의회의 권한을 찬탈하는 것을 저지하기 위해 만들어진 것임을 전보다 더 분명히 알게 됐다.

그런 장치의 매력은 알고 있다. 그러나 내가 중요하게 강조하고 싶은 것은 그런 장치 자체가 새로운 지배계급의 승리를 막지는 못할 것(나는 당신도 그렇게 생각하리라고 확신한다)이라는 점이다. 자율관리 사회(내가 "사회주의"라고 부르는)의 안정과 확장에서는 다른 두 요인이 핵심일 것이다. (1) 객관적 상황 — 결국 세계적일 수밖에 없는 — 이 평의회 민주주의의 강화를 얼마나 촉진할 것인가, (2) 평의회 자체가 투쟁 수단에서 자치 기구로 얼마나 발전할 것인가. 경제학, 정치학, 지정학이 모두 새 사회가 뿌리를 내리느냐 마느냐 하는 것을 좌우할 것이다. 과거에 일어난 혁명들의 운명도 좌우했듯이 말이다.

우리가 평의회 민주주의를 세계 규모에서 더 많이 확장할수록 새 사회의 운영도 더 쉬울 것이다. 물론 우리에게는 균형 잡힌 직업군 같은 제도적 장치들도 필요하겠지만, 그런 장치들이 계급 지배로의 퇴보를 막는 데서 결정적 구실을 할 것이라고 볼 수는 없다. 분명히 이것은 우리의 이론적 차이를 반영한다. 나는 조정자들이 생산관계에서 자본가나 노동자와 비슷한 지위를 차지하는 응집력 있는 계급이라고 생각하지 않는다. 더욱이, 일부 조정자 집단이 어찌 해서 권력을 장악하더라도 그들이 지배하게 될 사회는 새로운 형태의 계급 사회가 아니라 모종의 자본주의

일 것이라는 점을 역사적 경험은 보여 준다. 그러나 내가 이런 말을 하는 것은 자기만족 때문이 아니다. 20세기의 역사는 가장 이상주의적인 투쟁에도 끔찍한 일들이 숨어 있을 수 있다는 것을 보여 주었다. 누가 알겠는가? 미래에 닥칠지도 모르는 불리한 상황과 주관적 실수가 결합돼 끔찍한 일들을 새롭게 만들어 낼지 말이다. 그래서 이런 논쟁이 중요한 것이다. 단지 서로 더 잘 이해하기 위해서만이 아니라 더 나은 이론과 전략을 만들어 내서 과거의 재앙을 되풀이 하지 않기 위해서도 이런 논쟁은 중요한 것이다.

4. 함께 행진하고 대화하기 : 몇 달 전 나는 이탈리아 남부 출신의 디소베디엔티 활동가와 논쟁한 적이 있다. 그는 우리의 논쟁을 아주 멋지게 묘사했다. 그는 우리가 같은 방향으로 함께 행진하면서도 서로 배우기 위해 대화해야 한다고 말했다. 바로 이것이 우리가 지금까지 한 일이라고 생각한다. 우리의 적은 똑같고, 우리가 추구하는 목표도 똑같다. 역사 · 이론 · 전략에 대한 우리의 견해 차이는 꽤나 크다. 이런 차이가 중요한 이유는 우리가 직면한 정치적 문제들을 실천적으로 다루려 할 때 이런 차이가 중요한 구실을 하기 때문이다. 그러나 비전의 수준, 심지어 전략의 수준에서도 계속 함께 행진한다는데 충분한 합의가 있다. 그런 합의가 생산적이려면, 우리는 계속 서로 협력해야 하고 견해 차이를 숨기지 않으면서도 그 때문에 협력을 꺼려서

도 안 되며 앞으로 분명히 우리에게 닥칠 놀라운 일들에 대비해
야 한다.

새해 복 많이 받기 바라며,

알렉스